「考える教師」
──省察,創造,実践する教師──

山﨑準二・榊原禎宏・辻野けんま 著

講座 現代学校教育の高度化　小島弘道 監修　5

学文社

執筆者			
山﨑 準二	東洋大学	第3章・第6章・第9章
榊原 禎宏	京都教育大学	第2章・第4章・第5章・第7章
辻野 けんま	上越教育大学	第1章・第8章

監修にあたって

　現代の学校は，社会のドラスティックな変化を前に，その社会に生きる上で直面する様々な課題に向き合い，解決して自分なりの生き方を選択，設計，実現するための「生きる力」の育成ほか，知識基盤社会など社会の新たなかたちに対応しうる人材を育成することが期待されている。その担い手としての教師をどう育成し，かつその質をどう高めるかは喫緊の課題であることは異論のないところだろう。これまで教員養成に対しては主として学部レベルの知や技の在り方を探り，さらに現職研修の充実によって対応してきた。しかし近年，教職大学院の設置や既存の教育系大学院の改革により教員を養成することに強い関心を寄せてきている教育政策からは，今後の教員養成は大学院レベルで行うことが望ましいとする方向が見え隠れする。しかし，それは教師の一部に限ってそうしようとするものであるばかりか，その大学院でいかなる知と技によって優れた教師を育成するかについては，その制度設計も含め，改善，改革すべき課題が山積し，その多くは今後に残されたままである。

　またそこでめざす職業人としてのかたちが「高度専門職業人」であるとされながらも，そこでの教師像，力量，そのために必要な育成や養成のシステムなどについて明確にされているというにはほど遠いというのが現実である。

　高度専門職業人としての教師であるためには，次の3つの知が不可欠だと考えられる。

- 専門性の高度化を持続させる知
- 専門性を成熟させる知
- 専門性を学校づくりに生かす知

　高度専門職業人であることは，高度な専門性を追究し，その分野のスペシャリストとして自らの教職キャリアを選択する方向，また求められるならばこれまで培ってきた専門性を基盤としてそれを学校づくりに生かすという教職キャ

リアを選択する方向があるだろう。そのいずれの方向であれ,「高度」というものがつきまとい,その実体を身に付けた教師であることが求められている。専門性は今や膨らみを持たせて語ることが重要である。授業実践にとどまらず,学校づくりにつながる授業実践の視野が求められる。その意味でも「専門性を学校づくりに生かす知」という視点は不可欠だと思う。その際,期待する教師像は「考える教師」,つまり「省察,創造,実践する教師」に求めたい。

　高度専門職業人としての教職に必要な知のレベルは「大学院知」としてとらえたい。この内実を明確にし,その知を実践に即して振り返り,その知を進化,発展させ,さらに新たな知を創造すること,それを教育実践と学校づくりとの関連で相互に生かす知として編集することができる力量の育成を通して,教職を名実共に成熟した専門職にまで高め,その専門性を不断に進化,成熟させるにふさわしい力量を備えた教師を育成する知を解明することが大切である。高度専門職業人であるための知は,大学院修了の資格を有しているか,いないかにかかわらず,その水準を「大学院知」に設定したい。そうした知の育成,展開をめざした研修でもありたい。さらに言えば本講座を通して「大学院知」のスタンダード,スタンダードモデルを創造し,発信するメッセージとなれば幸いである。

　本講座を構成する知は,①知識基盤テーマ群,②学校づくりテーマ群,③教育実践テーマ群,④教育内容テーマ群,の4群から構成した。各巻における編集・執筆の観点は,テーマをめぐる,①問題・課題の状況,②これまでの,そして現在の,さらにこれから必要とされる考え方や知見,③学校づくりや学校変革への示唆,である。

監修　小島　弘道

まえがき

　学校の教師という表現は不思議である。なぜなら，学校に勤務する職員であれば，教職員あるいは教員と表記しなければならず，その一方，教師には学校以外にも実に多くの，例えば茶道や華道，あるいは「人生の師」にいたるまで，さまざまな種類が挙げられるからだ。
　こうした広がりをもった言葉にもかかわらず，教育関係者や教育学者の間で学校の教師という言い方が好まれるのは，おそらくその存在の曖昧さや両義的性格が，何となく捉えられているからだろう。教員と表現するほどには組織人でなく，かといって「師」というまでの孤高さももちえていない，そんな中途半端なありようを，学校の教師という言葉は示しているのではないだろうか。
　こうした学校における教師を，次の観点から分析することを通じて，近い将来の教師・教員・教職を考えることをめざし，本書は編まれた。
　その一つは，教師の現在と未来，そして両者をつなぐ現在について，これらを捉えるレベルを設定した。ミクロレベルにおいては現在を見つめ，メゾレベルにおいて教師を取り巻く環境へと視野を広げ，そしてマクロレベルでは荒削りではあるが近未来を推測するというものである。
　この観点を縦軸として，横軸には，教師のありようを説明する三つの領域として，その職務や業務，「よりよく」あるための職能開発，そして教育労働を支える自律性や発達という観点をおいた。これらの二次元から構成される，九つの内容について，先行研究を十分にふまえ，新たな知見を提示するべく各章は臨んでいる。
　なお，学校での教師のありようとその仕事のユニークさを示すものとして，本書ではあえて，教師，教員，教職といった複数の呼称を，文脈に応じて用いている。近未来に子どもたちの傍らに「教育者」として登場するのは，教師な

のか教職員なのか，それとも市民や住民なのか。本書が，教師という言葉のこれからを考える機会になることを願っている。

　読者の皆さまからのご批判をお願いしたい。なお，編集の実務を進めてきた関係から「まえがき」は榊原が担当した。

著者を代表して　榊原　禎宏

目　次

監修にあたって
まえがき

第Ⅰ部　教師の現在を考える―――――――――――――――――7

第1章　教師をめぐる批判とその構造　8
第1節　教職アイデンティティの揺らぎ　8
第2節　教師という仕事を捉える難しさ　9
第3節　いわゆる「問題教師」の実態　12
第4節　教師批判言説の構造と事例　15
第5節　教師批判をこえて　23

第2章　感情としての教育労働と教師のやりがい，健康　26
第1節　教職の仕事を捉え直す　26
第2節　認知と感情の交錯する教育労働という場　30
第3節　教師のやりがい　34
第4節　教師の健康を支えるもの　38

第3章　教師の人口動態と政策・研究・意識の変化　42
第1節　教師という職業集団の人口動態　42
第2節　教師教育に関わる政策と研究の推移　49
第3節　コーホートとしての教職意識傾向とその変化　55

第Ⅱ部　教師を取り巻く環境を考える――――――――――――63

第4章　教師としての個業性と教育職員としての分業-協業性　64
第1節　組織としての学校　64
第2節　教員としての官僚組織における業務遂行　67
第3節　教師としての職人的な業務遂行　71
第4節　教員・教師としてのアイデンティティ　75

第5章　評価される教師　80
　　第1節　教師が「評価する」から「評価される」へ　80
　　第2節　教員評価制度を検討する　84
　　第3節　翻訳される教員評価をどうするか　95
第6章　教師のライフコースと発達・力量形成の姿　98
　　第1節　「ライフコース・アプローチ」の基本的観点　98
　　第2節　「転機」とそれを生み出す諸契機　103
　　第3節　事例分析：教師の発達と力量形成の姿　109

第Ⅲ部　教職の未来を考える ―――― 119

第7章　職業としての教職の近未来　120
　　第1節　教職という社会的セクター　120
　　第2節　教職の量的・質的管理　120
　　第3節　教員の新たな供給・認証制度の構想　129
　　第4節　これから誰が教員になるのか――教職の「女性化」とパートタイム労働　133
第8章　新たな教職専門性の確立と教師教育の創造　138
　　第1節　教職専門性をめぐる混乱　138
　　第2節　教師教育の変遷と現状　140
　　第3節　教師の「資質能力」についての認識と教師像　143
　　第4節　新しい教職専門性　146
　　第5節　新たな教師教育の創造へ向けて　149
第9章　教師の専門的力量と発達サポートの構築　153
　　第1節　専門的力量の性質　153
　　第2節　専門的力量の解明：「自己生成型」「文脈・状況依存性」力量　158
　　第3節　発達と力量形成を支え促すサポートの構築　163

　　索　引　173

第Ⅰ部　教師の現在を考える

第1章　教師をめぐる批判とその構造

第1節　教職アイデンティティの揺らぎ

　変化の激しい現代社会においては，学校教育に求められることも多様化している。そのようななかで，教師という仕事に誇りをもちながら教育に専心することがますます難しくなりつつある。子どもの教育に日々関わるなかで，「このままで本当によいのだろうか」「何のためにこれをするのだろうか」などとふと悩んでしまう教師の声も聞かれる。

　また，子どもから寄せられる素朴な疑問への答えに窮したり，保護者との意思の疎通がうまく図れなかったりしたときに，教師という仕事への誇りや自信の揺らぎ（アイデンティティ・クライシス）を感じる教師もいる。あるいは，多忙化する学校現場において，こうした疑問をじっくり立ち止まって考えているゆとりなどないというのが多くの教師の本音かもしれない。

　しかし，保護者による無理難題やマス・メディアによる教師バッシングの事例が見聞きされたり，教師を「教育改革」の標的とする政策レベルでの議論の偏りも見られるようになっている。そうしたなかで，これまで子どもと直に接する教育現場において学校教育を支えてきた教師たちが自信を失い，先の見えない不安感に駆り立てられている現状がある。そこで本章では，教師をめぐる何が「問題」であるのかを客観的に捉えるとともに，教師批判言説について具体的に検証することで，教職を俯瞰的に捉え直してみたい。

　変化の激しい時代であるからこそ，教職アイデンティティを強固にしなければ，多様化する教育現場でますます迷いや戸惑いが大きくなるばかりだろう。これまでも「教育問題」が叫ばれる時代には，絶えず教師が批判の的となって

きたが，現代もまたそのような時代にある。もちろん教師の側にもあらためるべきことはあるだろうが，それが何であるかを見極めるためには玉石混交である教師批判言説を精査することが必要となる。

第2節　教師という仕事を捉える難しさ

　教師は子どもの教育に携わる専門家であらねばならないが，医者が自らを「外科医」であるとか大学教授が「物理学者」であると自覚するほどには，教職アイデンティティを端的に捉えることができない。教育の専門家であることが求められるがゆえに，教育のために必要なあらゆることが求められる，という対象の曖昧さが教師の「資質能力」論議には絶えずともなう。

　実際，いじめ問題が表面化すれば人権教育，ニートが社会問題となればキャリア教育，携帯電話やインターネットが普及すれば情報教育，そのほかにも環境教育や安全教育と，教師の教育活動の対象は拡がることはあっても縮小することがない。しかし，その際に，ある点を強調すればほかの点がおろそかにならざるをえないという当然の事実は看過されがちである。

　もちろん，子どもの教育に日々携わらなければならない教師には，教育のプロとしての自覚と，それゆえの自ら学び続ける主体としての態度が求められる。教師が自らの専門性を高めるためには，ときには教師批判言説にも正対し真摯に受け止めなければならないこともある。しかし今日，教師に寄せられる批判や要求はあまりにも多様であり，そのなかには「お門違いの批判ではないか」「何のための批判なのか」と疑いたくなるようなものが少なからず存在する。

　かつて小渕内閣が設置した教育改革国民会議（2000〜2001年）においても，学校が「お客がくることが決まっているまずいレストラン」と揶揄されることがあった。一見説得的に思われるが，このような議論は公教育制度への基本的理解を欠いたものである。仮に学校をレストランに喩えるならば，コック（教師）が主たる食材（教科書）すら自分で選べないしくみのもと，メニュー（学習指導要領）が全国一律に規定されるという制約のもとで料理（教育実践）をする

ことが求められる，というしくみ全体が指摘されなければならない。当然，料理（教育実践）の質（「成果」：子どもの成長，学力など）は，コック（教師）の力量のみによるのではなく，食材・メニュー（カリキュラム）の質や店内・厨房環境（校舎・設備），組織経営（校内の協働体制）などの影響が不可避のものである。日本の学校制度においては，教育課程行政における教師の裁量の小ささなどが際立っており，授業の成否をひとり教師の責任に帰すこと自体，基本的な制度理解を欠いたものといえる。

　全国チェーンのファーストフード店や回転寿司店などの料理がまずかったとしても店の調理人のせいだと考える人は少ない。どこでも同等の素材が使われ同じ味になるよう調理されているからであり，コックの腕の問題ではないからである。もちろん教育活動は全国チェーン店とは異なり多様性に富むが，それでも公教育制度そのものに内在する制約から自由にはなりえないのである。

　ところが，教育論議となると，「授業が成立しない＝教師の力量不足」といった短絡的な議論が飛び交うことがやまない。そして，目前の教師批判に終始することにより，その背後にあるより本質的な制度的問題が放置されてしまう。なるほど教師は授業の方法を考えているが，教育内容そのものは全国的に規律されているし，小・中学校の教師であれば自分が授業で使用する教科書でさえ自由に選択することはできない。

　それでも，日本の教師の授業研究の文化は，米国で「Lesson Study」として取り入れられるほど評価されているし，日本の教師の働きぶりや校内での協働なども定評がある。一例を引くならば，2011年9月17日の日本教師教育学会で基調講演を行ったフィンランド・オウル大学のハッカライネン（Hakkarainen, P.）教授は，「日本はフィンランドから学ばないでください」と述べ，日本の教育風土や教師文化に学ぶべきものの多さを強調している。

　もちろん教師の授業にも上手下手があり，生徒との関わり方もさまざまであることは事実である。また，いきおい教育にかける熱意から度が過ぎた「指導」がなされたりすることもある。学校にはさまざまな教師がいることは議論の前提となってよいだろう。しかし，眼前の教師ひとりを批判するというミクロな

視野だけでマクロな視野を欠くと，教師批判は無産的なものとなってしまう。

　試みに，われわれ自身の学校時代を振り返ってみるならば，われわれが出会ってきた「先生」は果たして皆がみな「理想の教師」であっただろうか。教育者として記憶に強く残る「先生」もいれば，逆に疑問を覚えるような「先生」も思い出されるのではないか。そもそも，優れた「先生」もときに失敗したりするものであるし，「反面教師」という言葉もあるように，われわれは模範的な教師からのみ学んでいるわけでもない。さまざまな「先生」がいるなかでわれわれ自身が成長し現在の自己を形成してきたはずである。

　もちろん，ときに子どもを教育する者としてふさわしくない「問題教師」がいることも事実である。「教師は公務員だから何をしてもクビにならない」といった流言も聞かれるものの，実際には問題の大きい教師については懲戒や分限などの処分が毎年なされている。

　また，そのような行政上の措置がとられるほどではなくとも，同僚から「力がない先生」と思われている教師もいるものだが，仕事を多くこなす者とそうでない者とはあらゆる集団に混在しているものである。そうした前提を欠いて排除の論理に立つのであれば，学校経営を真面目に考える起点には立てないだろう（『働かないアリに意義がある』（長谷川英祐）といった言説も示唆に富む）。

　われわれ自身が直に接した教師に対する印象をミクロレベルにおける教師像とすれば，それとは別に日本の教員全体に通底するマクロレベルにおける教師像が存在する。例えば，日本の教師は仕事熱心であり，広範多岐にわたる職務をよくこなし，子どものために学校内外を問わず汗を流す，このような姿が国際比較から浮かび上がる。

　次に，マクロな視点から日本の教師の「資質能力」を考えてみよう。まず，国内で飛び交う「学力低下」論とは裏腹に，国際学力調査（PISA など）における日本の子どもの成績が上位を維持していることは国際的に知られている。しかも，日本の教育財政支出が OECD 加盟国のなかでは最低水準（国内総生産（GDP）に対する公財政支出学校教育費の割合は 3.4％）という過酷な条件的制約があるなかでのことである。

教育現場での「モノ」と「カネ」の不足という悪条件を補っているのは「ヒト」(=教師)なのであり，マクロレベルでの視野に立つとき日本の教師たちは，現状ですでにきわめて高い「成果」をあげているといってよい(なお，シュライヒャーOECD教育局指標分析課長も文部科学省での講演において，日本の教育制度を「世界で最も成功している学校教育システムの1つ」と明言している(1))。

もちろん，教育の「成果」を上記のようにコスト・パフォーマンスのモデルのみで捉えることは早計であるし，教育の「成果」とはきわめて見えにくく，短期的な「成果」と長期的な「成果」とが一致するものとも限らない。そもそも，どのような教育にも課題はつきものであるから，教育の質を絶えず問い直し，間断なく発展させていく営みが求められることは，昔も今も変わらない。

しかし，教育問題がただちに教師批判言説へと転じる一般的傾向からは，日常意識されにくいマクロレベルにおける「成果」の部分への認識をもつことが必要となる。

第3節　いわゆる「問題教師」の実態

教師のなかにも，ときに教壇に立つ者としてふさわしくない逸脱行為に走る「問題教師」がいることは残念ながら現実である。暴力，わいせつ行為，詐欺，横領など，マス・メディアによって報じられるたびに驚かされる。こうした報道にふれるたびに，「最近の教師は…」といった疑心暗鬼の念にかられることもあろう。

しかし，現実に「問題教師」の実態を把握することはそれほど容易なことではない。まして，一部の極端な事例をもって教師全体のイメージをつくることは危険である。まずは，事件に発展するような「問題教師」が全体のなかでどれほど存在するのかを統計的に捉えてみる必要があるだろう。

公立学校教員は公務員法上で強い身分保障を有しているが(地方公務員法第27条2項)，2001年の地方教育行政の組織及び運営に関する法律(地教行法)改正により教員の配置換えが可能となり(第47条の2)，2007年教育公務員特例

法改正により「指導改善研修の義務付け」が規定された（第25条の2）。2008年には「指導が不適切な教員に対する人事管理システムのガイドライン」を策定するなど，教員の人事管理は厳格化されてきた。

なお，「指導が不適切な教員」とは同ガイドラインによれば，「知識，技術，指導方法その他教員として求められる資質能力に課題があるため，日常的に児童等への指導を行わせることが適当ではない教諭等のうち，研修によって指導の改善が見込まれる者であって，直ちに分限処分等の対象とはならない者をいう」と定義されている。各教育委員会でも教育委員会規則などで定義が示されている。

図1.1は平成20年度および21年度に懲戒処分（免職，停職，減給，戒告がある）を受けた教育職員（公立の小学校，中学校，高等学校，中等教育学校，特別支援学校）の数を，懲戒事由ごとにまとめたものである（この表では監督責任による懲戒処分数が含まれている）。大多数は交通事故（平成21年度で370件。監督責任によ

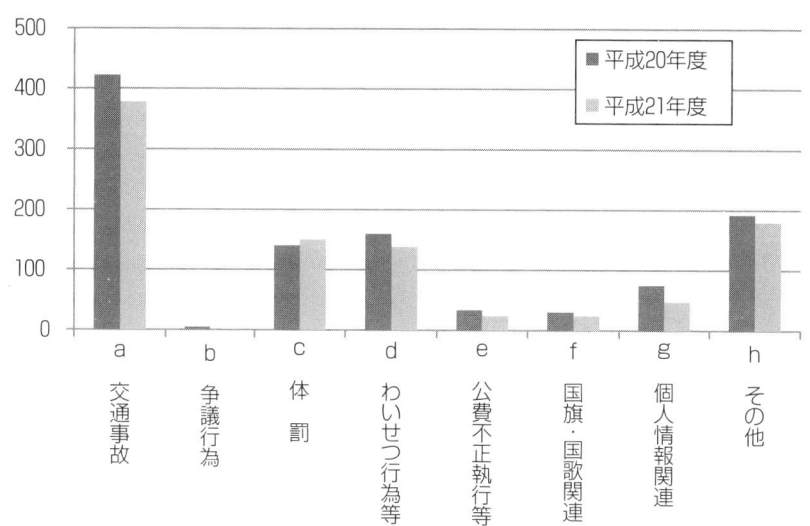

図1.1　教員の懲戒処分の内訳（平成20〜21年度）

出所：文部科学省「教育職員に係る懲戒処分等の状況について」をもとに筆者作成

る数を除く。以下同様）であるが，「その他」を除いて次に上位を占めるのが体罰（134件），わいせつ行為（117件）である。

　しかし，公立学校に勤務する教員は，小学校，中学校，高等学校，中等教育学校，特別支援学校の総計をみても98万2326人（平成21年度，文部科学統計要覧）いることから，懲戒処分を受けた教員の総数は806件でその割合は0.082％にとどまる。ここに訓告となった者を加えるとその数は約9倍と激増するが，割合でみると0.705％（6929件）と1％に満たない。

　重要なのは，ここで取り上げた懲戒処分の統計には，悪質性を一概に判断できないもの（不測の交通事故など）や懲戒処分自体の当否が問題となっているもの（国旗・国歌関連など）が含まれていることである。つまり統計にあらわれるいずれが本当の「問題教師」なのか把握することが困難なのである。

　また，分限処分（免職，降任，休職，降給がある）となった者についても，例えば「勤務実績不良」ないし「適格性欠如」で分限免職となった教育職員の数は平成21年度で8人にとどまっている（文部科学省「病気休職を除く分限処分の処分事由一覧（平成21年度）」）。「指導力不足」と各教育委員会から認定された公立小中高校などの教員の数で見ても，平成21年度で260人（文部科学省調査，前年度比46人減）である。なお，在職年数で見た内訳は，20年以上が60％，10～20年未満が23％，6～10年未満が7％，5年以下が10％となっており，在職年数10年以上のベテラン教員が83％と大多数を占める（第2章第3節2参照）。

　ここにもまた，「指導力不足教員」問題への対応の難しさがあらわれている。すなわち，「指導力不足」は採用当初からの個人の「資質」に基づくものとばかり片づけることはできず，長年の勤務の過程で存在していたはずの教育行政による「指導・助言・支援」や校長による「監督」などを度外視できないのである。排除の論理に拠る対症療法のみで「指導力不足教員を生み出すメカニズム」のほうが解明されないとすれば，この問題は根本的な解決をみないだろう。

　以上から，いわゆる「問題教師」に関わる統計等を踏まえて，次の4点を指摘したい。①認知された「問題教師」の数はきわめて少数にとどまるということ，②統計上，法的にも倫理的にも許されないケースと，そうでないケースと

が混在していること，③統計から類推されるごく一部の「問題教師」をもって教師全体の問題を捉えることは不可能であること，④「問題教師」を当人の責任のみに帰すばかりでは根本的な問題解決につながらないこと。

いうまでもないことだが，少数であるからといってこれらの問題が放置されてよいわけではないし，子どもへの影響に思いを馳せるときには，「問題教師」への厳格かつ迅速な対応は求められる。しかし，ここで問題として論じてきたのはそうした例外的な教師をもって「普通の教師＝問題教師」とする見方そのものである。

日々粛々と教育活動に営んでいる大多数の教師たち（「普通の教師」）がいかなる教師像として把握されるのか。「普通の教師」たちの地道な努力は世間には見えにくく評価されにくい。それだけに，表面化する問題ばかりが注目されて教師不信が拡がったり，教師批判言説が展開されたりしがちである。では次に，教師自身の立場から見た場合，それらの言説にいかに向き合うべきか考えてみよう。

第4節　教師批判言説の構造と事例

教師批判言説は，①個々の教師を対象としたもの，②一部の教師（集団）を対象としたもの，③教師全体を対象としたものという具合に，個別的なものから全体的なものまで広範に見られる。

①は学校を舞台として保護者等と教師との間で展開されるもので，日常的な教育活動に影響を与える点でミクロレベルに位置づく。逆に③の典型は教育政策上の言説で，教員全体を対象とするような教育改革につながる点でマクロレベルに位置づく。②は新聞・雑誌・テレビなどのマス・メディアによるもので，世論形成や政策形成に影響をもたらす点で①と③の間にあるメゾレベルに位置づく。以上のような教師批判言説の構造を図式化したものが図1.2である。

なお，ここでミクロやマクロといった段階は，問題の大きさ／深刻さを表すのではなく，個々具体的な教育現場を舞台とするか全国の学校に影響する教育

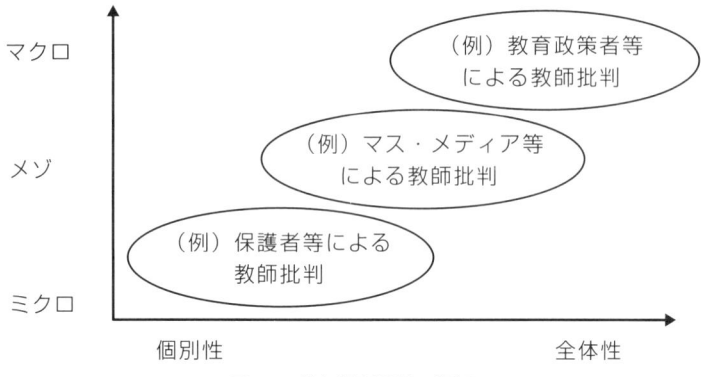

図 1.2　教師批判言説の概観

出所：筆者作成

政策現場を舞台とするか，といった違いをさすにとどまる。保護者等による教師批判は教師に対する個別性・直接性を特徴とし，教育政策者等による教師批判は教職に対する全体性・間接性を特徴とする。マス・メディア等による教師批判は社会的な影響力が大きい一方，その影響力が当該メディアの利用者に限られるなどの特徴をもつ。表出の仕方はそれぞれ異なるのである。

　これら三つのレベルはそれぞれの境界が必ずしも明確ではない便宜的な区分である。また，ここに挙げた例以外にもさまざまな言説が考えられる。これをふまえつつ以下，各レベルにおける教師批判言説の具体について見ていこう。

1　ミクロレベルにおける教師批判

　2006 年 6 月 1 日，東京の小学校に勤務する新任女性教諭（23 歳）が「無責任な私をお許しください。全て私の無能さが原因です」との言葉をノートに残して自ら命を絶つといういたましい事件が起こった。同教諭は学生時代から教師になることが夢で，学校ボランティアに積極的に出かけ，指導力もあると定評があったが，入職した 4 月中旬に早くも保護者から連絡帳で疑問や批判を繰り返し受けるようになった（この事例については小野田，2009 参照）。

　保護者 A は 5 月 22 日に「保護者を見下しているのではないか，結婚や子育

てをしていないので経験が乏しいのではないか，今後校長と面談することも考える」と伝え，その数日後，別の保護者4人が突如来校して授業参観し，校長にも面談して「時間割が配られるのが遅かった」「週時間割が欲しい」「宿題の出し方が一定していない」などの訴えを行った。教諭は友人と会った際，目がうつろで食欲もなく「自分がふがいない」「やってもやっても追いつかないので，どうしたらよいかわからない」などと語り，その後自宅で自殺を図ったが未遂となる。家族も，教諭のあまりの憔悴ぶりから病院に連れて行き，その翌日も別のクリニックを受診したが，その甲斐もなく教諭は5月31日に自宅で再び自殺を企図し翌6月1日に死にいたった。なお，一連の教師批判の証拠となった連絡帳などは，その内容の凄絶さから都教委が遺族に非開示としたほどである。

　近年，自殺にはいたらずとも病気・精神疾患などで休職する教師が急増している。平成12〜21年度までの間の病気休職者数は4922人から8627人（約1.8倍），精神疾患による休職者数は2262人から5458人（約2.4倍）となっている（文部科学省「平成21年度　教育職員に係る懲戒処分等の状況について」本書40頁，表2.2）。なお，これらの統計には病気休暇をとる教師の数は含まれていないため，実数はさらに多いと考えられる。

　もちろん病気となる要因はさまざまであり，それを統計上判断することも困難である。教師の病気を一概に保護者等によるものと断じることは避けなければならない。しかし，上記統計の急増という事態は異常であり，そのなかで有望新採教員の自殺という，決して繰り返されてはならない事態が生じているという事実は深刻に受け止めなければならない。ミクロレベルにおける葛藤は当事者である教師に直接的かつ即時的に影響を与える点は看過されてはならない。

　ミクロレベルにおける教師批判言説には，当事者である教師が対症療法的な対応に追われている間に，学級内に次々と新たな問題を併発させていくといった問題の拡大構造もある。担任教師をやみくもに批判し追い詰めるようなケースについては，教師個人での対応に限界がともなう。教師批判言説が教師をつぶしてしまうといったことが繰り返されないためにも，学校，教育委員会，さ

らには教員養成の当事者として大学等の対応が喫緊の課題となろう。

参考までに，2008年に放映されたテレビドラマ「モンスターペアレント」（フジテレビ制作）は，教育委員会が弁護士を雇用しさまざまなクレーム解決に挑むという物語だが，各回のテーマは典型的な紛争事例（学級担任の交代要求，給食費未納問題，子どもの成績不振の責任追及，過保護親の子ども捜索要求，学校行事の日程変更要求，子どもの芸能業優先・個別授業要求，髪型・服装の自由化要求，部活のレギュラー要求など）をよくあらわしている。ドラマ全体のつくりとして，主人公弁護士に対して教育委員会の指導主事が「保護者をモンスターと呼ぶな！」と何度も一喝するシーンが登場するように，学校に理不尽なクレームをつけるにいたった保護者にも，その途中経過において学校や教師の側の落ち度が多少なりともあるものという設定になっている。

最近では「モンペ」といった略語まで登場するほどだが，こうしたラベリングを恐れて保護者が学校に正当な声も発せられない場合もある。教育の専門家たる教師は，そもそも保護者を「モンスターペアレント」と呼び人格否定するのではなく，当人の言動の当否を精査しそれに適切な対応をとることが求められよう。しかし同時に，あまりに理不尽なクレーム（小野田のいう「イチャモン」）をつける事例も見られることや，大学を卒業したばかりの新任教師が着任早々に学級担任を引き受けなければならないといった過酷な現実があることも事実である。そうしたなかでは，学校や教育委員会をあげてのサポート体制の構築や，教員定数の増員など制度レベルでの改善が必要不可欠である。

2　メゾレベルにおける教師批判

2002年1月30日の産経新聞社説に「問題教師　すみやかに教壇から外せ」と題する記事が掲載され，この記事の一部に取り上げられた教師が名誉棄損を理由に提訴するという事件が起こった。問題となったのは教師の授業方法であり，記事はこれを「『紙上討論』と称する社会科の授業で反日的な教育を行っていた東京都足立区の女性中学教師は，授業に疑問をもつ母親を中傷するプリントを配り，生徒が転校を余儀なくされたことから，教育委員会が動き，研修

を命じられた」と報じた（この事例については渡辺，2007参照。）。

　裁判所（控訴審）は，記事の偏りを認めつつも，教師の授業の偏向性を指摘して，原告の控訴を棄却し原審判決を確定させた。曰く，「（…）公立中学校の生徒を対象とするものであるにもかかわらず，一般的に，自らの考えと同じ意見についてはこれを賞賛する一方，自らの考えと異なる考えに対してはこれをしんらつに批判するという姿勢を取っており，また，自らの考えが日本国憲法に忠実なものであり，自らの考えに沿わない考えは日本国憲法に反するものであるとするなど，一方的かつほとんど反論を許さない態様のものであったことが認められる」。

　本件記事については，「組合活動の中心的存在である教師や日の丸・君が代に対して批判的な意見を有している教師のなかで問題行動のある教師を殊更に取り上げて論じている面があることは否定できない」が，「公立の小中学校において，教育者としての適格性を疑わざるを得ないような様々な問題行動を起こす教師が存在し，しかも，これらの教師に対して適切な対処がされずに放置されているといった学校教育現場での現状を具体例を挙げて説明し，社会の注意を喚起することを主眼としていると認められる」と判じている。

　総じて裁判所は，「（…）一般日刊新聞の社説の表現としてはいささか正確性と客観性を欠く印象を与えるものではあるが，（…）論評の域を逸脱しているとまで解することは困難であるといわざるを得ない」との判断を下した。

　この事例は，当該紙の購読者全体に影響力をもちうる点で，メゾレベルにおける教師批判と位置づけることができる。事例は，教師個人の授業方法への批判であるが，記事全体は複数の事例が挙げられており，その背景には「組合活動」を意識した教師集団への批判があることを裁判所も認めている。

　事実を報道することはマス・メディアの社会的責務であることや，教師の教育方法といえども極端な逸脱や偏向がある場合には批判が及びうることは前提とされてよい。しかしこの事例で問題となったのは，事実を伝える一般報道記事とは異なり，マス・メディアとしての意思が反映される「社説」であった。マス・メディアの公共性や社会的影響力の大きさを鑑みるならば，その意思表

明の仕方には節度が求められる。とくに，マス・メディアの記事が教育現場に不当な圧力を加え教育活動を萎縮させたり特定の意思を教育現場に強要したりすることのないような報道姿勢は必要ではないか。

　マス・メディアによる教師批判は，当事者となる教師の側に反論する余地や効果が乏しいことからも，マス・メディアの側の報道のあり方にいっそうの節度が求められるだろう。マス・メディア（とりわけ週刊誌等の類が想起される）が事実を伝えるという枠をこえて不当なほどにセンセーショナルな報道を行うことは問題である（同時に，そうした報道に一喜一憂してしまう世論の問題も指摘される）。

　なお，先の事例では判決もまた，「公立の小中学校において，教育者としての適格性を疑わざるを得ないような様々な問題行動を起こす教師が存在し，しかも，これらの教師に対して適切な対処がされずに放置されているといった学校教育現場での現状」といった認識に立っていたが，このような前提的理解についても慎重な検証を要しよう。

　ちなみに，教師は教育の専門家として一定の裁量余地（「教育上の自由」）を有するが，それは教師自身の個人的な思想・信条を守るために保障されるものではなく，子どもの教育を主体的・創造的に行うためにこそ保障されるものである。学校が専門的な公教育機関であろうとすれば，教育活動の多様性をどれくらい認め，共通性をどれくらい保障するのかといった合意形成は学校経営上の重要な課題であろう。同僚たちの相互不干渉や管理職の責任回避などが起こらない専門組織へと高める努力は必要となろう。

3　マクロレベルにおける教師批判

　2006年10月10日，安倍内閣（当時）によって「教育再生会議」（～2008年）が設置された。その目的は，「21世紀の日本にふさわしい教育体制を構築し，教育の再生を図っていくため，教育の基本にさかのぼった改革を推進する」（閣議決定）こととされた。日本では文部科学省の組織以外にも教育政策に影響力をもつ機関・団体として，これまでも首相直属の諮問機関・私的会議がきわめて大きな力をもってきたが，教育再生会議もその一つである。

ところが教育再生会議の議論のあり方については，当時の政権与党だった自民党の有志議員団からも「七つの疑問」が呈されていた（河野他，2007）。すなわち，①委員の人選と事務局の動き方，②前提となる問題意識のあいまいさ，③原因追求の軽視，④具体性に欠ける目標設定，⑤方向性のあいまいさ，⑥実証のない論理の飛躍，⑦教育に対する過剰な期待である。

河野らは結論として，「教育改革は多くの国民が強い関心を持っているからこそ，わかりやすくてインパクトのある改革が好まれる。しかし，インパクトだけを重視して過去の教育実践を全否定したり，ごく一部の教員の不祥事を取り上げて教員バッシングに走ったりすれば，現場の教員の士気を下げ，ますます状況を悪化させかねない」と述べる（前掲，p.114）。

また，「教育問題を客観的・学術的に研究している教育社会学や教育行政学の専門家の声も聞くべきである」（前掲，p.107）とも述べる。というのも，「疑問」の①に挙げられていた「委員の人選」では，会議の構成員（内閣総理大臣，内閣官房長官，文部科学大臣，有識者）のうち，有識者に大学学長や企業社長からスポーツコメンテーターやエッセイストまで著名人16名が集められたものの，教育学を専門とする研究者が含まれなかったためである（なお，2名の教員が含まれていた）。

教育再生会議の議論については，教育学を専門とする研究者たちからも厳しく批判されてきた。例えば教育社会学者の広田照幸は，「家庭の教育力の低下」や「少年非行の増加・凶悪化」といった一般的なイメージがデータに基づく実態把握ではないというのが学界の常識にもかかわらず，「すでに否定されている『非常識』な議論を，今でもそうと知らずに声高に語っている」と指摘し，「多くのメンバーが『そんな話はすでに否定されている』という議論（ゾンビ議論）と『自分たちの都合のよいシナリオで地球征服（＝教育システムの改革）を考えている』議論（エイリアン議論）を展開している」と厳しく批判している（広田，2011，pp.79-85）。

教育政策が多様な立場の見解をふまえて構築されることは重要ではあるが，「お茶の間談義」ならまだしも，中央・地方の教育政策に影響を与えるマクロレベ

ルの議論としては，事実の誤認や問題分析の拙さは深刻な影響をもたらしうる。教育現場をいたずらに混乱させる改革へと陥らないためにも議論を洗練させ適切な事実認識に基づいた施策立案が必要不可欠である。

　なお，上記のような首相直属の機関といえども具体的な教育政策となるまでには文部科学省の下に置かれる中央教育審議会（中教審）の議論を経る必要がある。中教審においては議論も洗練されてはくるが，首相直属の機関などからの圧力もあり，教員免許更新制や教員の人事管理の厳格化などが政策実現にいたってきた。

　これらの諸施策を提言した2006年の中教審答申「今後の教員養成・免許制度の在り方について」は，「大多数の教員は，教員としての使命感や誇り，教育的愛情等を持って教育活動に当たり，研究と修養に努めてきた。そのような教員の真摯な姿勢は，広く社会から尊敬され，高い評価を得てきた」という前提に立ちつつも，「教員の中には，子どもに関する理解が不足していたり，教職に対する情熱や使命感が低下している者が少なからずいることが指摘されている。また，いわゆる指導力不足教員は年々増加傾向にあり，一部の教員による不祥事も依然として後を絶たない状況にある。こうした問題は，たとえ一部の教員の問題であっても，保護者や国民の厳しい批判の対象となり，教員全体に対する社会の信頼を揺るがす要因となっている」と述べ，「指導力不足教員」への厳格な対応を求めた。

　これをうけて都道府県・指定都市の各教育委員会は，いわゆる「指導力不足教員」の人事管理システムの整備や新しい教員評価システムの構築をいっそう進めることとなった。しかし，例えばILO／ユネスコ教職員勧告適用合同専門家委員会（CEART）が日本における「指導力不足教員」の人事管理のあり方や教員評価制度について疑義を呈するなど，国際的な視点から問題が指摘されているところである。国内で進められている政策であっても，国際的には「非常識」といったことも見られるのが現実である（例えば，既存の教員免許更新制などもこの類のものであろう）。

　マクロレベルにおける教師批判は，ミクロないしメゾレベルにおけるそれと

異なり，より直接的・具体的に政策形成に影響を与え，それが全国の学校や教員に作用するだけに，言説そのものの客観性がいっそう厳しく問われる。とくに教育行政機関による教師批判は，教員の側に反論の余地が存在しないばかりか，学校教育の前提条件を否応なく外部から変更するものとなる。

教育公務員としての身分をもつ教員の人事管理は，教育行政機関自らの任務であり，養成─採用─研修にも直接・間接に携わっているのであるから，（保護者やメディアによる教師批判のように）教師批判言説を「他者批判」として展開すること自体許されない。制度を維持・運用し舵取りをしている教育行政機関には，絶えずそのような自覚と自己批判的な視点とをもっておくことが求められる。

第5節　教師批判をこえて

教師批判言説にはミクロ，メゾ，マクロのいずれのレベルにおいても，客観的な根拠をともなう妥当性のある批判とそうでない不当な批判とが混在している。また，一つの批判のなかにも妥当な要素と不当な要素が混在していることが多い（図1.3）。教師批判論か教師擁護論かのいずれかの立場をとるのではなく，現状に対する客観的な認識と問題解決へ向けた建設的な取り組みが求められることはいうまでもない。

教師にとってさしあたり切実なのは，ミクロレベルでの不当な批判（いわゆる「イチャモン」）であろうが，これについては教育現場での直接的な対応がある程度可能である。そこで，いたずらに振り回されず毅然とした対応をとるとともに，個人での対応に限界がある場合は早めに学校や教育委員会との連携による組織的な対応を求めることが必要だろう。そして，教師の側にも落度があれば早い段階で率直に認めることも重要である。教師も人間であり，ときには失敗もするが，そうしたときには自ら改める姿を見せ「君子豹変」すればよいのではないか。

メゾレベル，マクロレベルにおける教師批判言説についても，妥当性のある

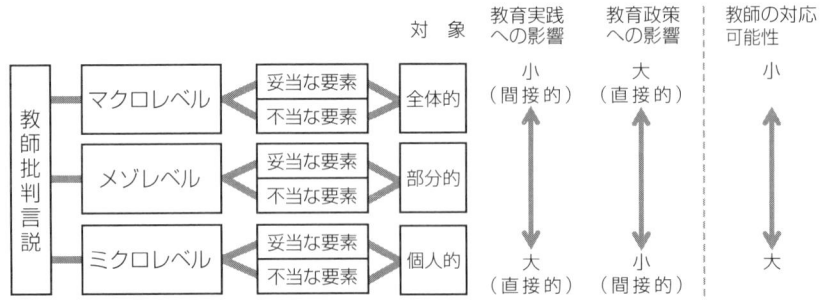

図 1.3 教師批判言説の構造

出所：筆者作成

批判には教師自身の側に，これと真摯に向き合う姿勢が必要となる点は同様である。しかし，これらの教師批判言説については，教師の側に反論の余地が乏しく，客観性を欠いた言説が世論形成につながったり政策形成に結びついたりする現実がある。これらについては，教師としての対応の可能性がきわめて小さくなることから，批判者の側にいっそう厳しい自戒の意識が求められる。

多忙感が増す学校で教師たちが「教育」について語り協働して発展させていこうとする余力を失いつつある今日，無産的な教師批判言説を拡大させることよりも，子どもの教育にかかわるさまざまな主体が問題を客観的・省察的に捉え，建設的に解決しようとするつながりを深めることのほうが，われわれ自身が望む学校の姿へと近づくのではないか。

結びに，教師は，自らに託された子どもの成長のために求められることを絶えず研究し実践する専門家であらねばならない。教師たちが学校で教育を語らい，子どもの教育に専門家として勤しむ条件を整えつつ，教育にかかわるさまざまな人たちが叡智を集める学校づくりを考えていく時代にある。そうでなければ，学校教育は形式的な作業の場へと堕すことになっていくだろう。教育を論じる側も，教育の問題をただちに教師批判へと結びつける論法を克服すべき時代にあるのではないか。

【辻野　けんま】

注
（1）「国際比較で明らかになる日本の教育の特徴及び教育政策に関する提言」2009年11月27日。講演資料はOECD東京センター公式HPより閲覧できる。

引用・参照文献
小野田正利（2009）「保護者と教師のコンフリクト」『日本教育行政学会年報』第35号，77-93頁
金子伊智郎（2004）「『不適格教員』を生み出すメカニズムに関する一考察」『大阪大学教育学年報第9号』，131-138頁
苅谷剛彦（2002）『教育改革の幻想』筑摩書房
河野太郎・後藤田正純・上野賢一郎・篠田陽介・橋本岳・山内康一（2007）「教育改革の改革を－教育再生会議への七つの疑問－」『世界』2007年6月号，106-114頁
榊原禎宏（2010）「教員の精神的健康への一視角－教員による『わいせつ行為』は多いか－」『京都教育大学紀要』第116号，1-7頁
辻野けんま（2012）「第14章　教師の力量開発」篠原清昭編著『学校改善マネジメント』ミネルヴァ書房，223-251頁
広田照幸（2011）『教育論議の作法』時事通信社
渡辺暁częstoco（2007）「教師に対する批判記事をめぐる憲法学的考察」『滋賀大学教育学部紀要　人文科学・社会科学第57号』53-63頁
文部科学省「教育職員に係る懲戒処分等の状況について」http://www.mext.go.jp/a_menu/shotou/jinji/1300332.htm（2011.7.17）
文部科学省「指導が不適切な教員の人事管理に関する取組等について」http://www.mext.go.jp/b_menu/houdou/22/10/attach/1298519.htm（2011.7.12.）

第2章　感情としての教育労働と教師のやりがい，健康

第1節　教師の仕事を捉え直す

1　国民形成としての教師の労働

「教師に求められるものは何か」「こんな教師でよいのか」と，教師についての語りはいつの時代も枚挙に暇がない。それだけ教師には，多くの期待と批判が同時に投げかけられるのだろう。では，そもそも教師はどのような仕事をしていると捉えることができるのだろうか。また，そこでふまえるべき特徴はいかなる点だろうか。

この章では，改めて教師の仕事，つまり公教育における教育労働について考えることを通じて，それが教師のやりがい，あるいは健康にどのように関わっているのか，について整理したい。

いうまでもなく，ここでいう教師にとっての職場は，設置者のいかんを問わず公教育を担う学校である。そして，学校における教育労働には，19世紀半ば以降に成立した近代的学校が持つ基本的な特性が，次の二つの点で色濃く投影されている。

その一つは，近代国家の成立と表裏関係になる国民形成の必要と「子どもの社会権」の思想を背景に学校が存立していることから，教師は子どもに対して広義の意味で暴力的に接することになりがちだという点である。

母親から生まれた子どもはそのままでいることを許されず，親子や親戚といった血縁関係や近隣社会との関係を結ぶことから始まって，学校においては児童や生徒という役割を与えられる。こうした社会化や教育の一環として，義務教育は子どもの保護者に対する社会的責務をさすものの，子どもにとっては，

自分が学校に行かなければならない事柄として現れる。学校で子どもは、「一人前」の大人になるために用意された教育の内容や形式を、おそらく「わけのわからないままに」獲得するよう求められるのである。それは将来の国民や社会人として大切と考えられるものだが、大人という未来は必ずしも見えないため、そして何よりも「将来のための教育」であるため、子どもにとって学校での多くは「やらされること」になる。

　もちろん、主として初等教育では実生活との接点をもつことがらが多く扱われるので、「漢字で駅名が読めるようになった」「買い物が楽しくなった」と、学校での経験は子どもの喜びもともなう。しかし、子どもの発達が、抽象的操作のできる段階にいたると考えられる中等教育の段階に入れば、教えられる内容やその場を嬉しく思える子どもはきわめて限られ、保護者の期待や高校・大学への進学志望にかなうように自らを駆り立てるか、はたまた学校にいること自体に意味を見いだそうとするかの間で、生徒は揺れることになる。

　こうした学校に、指導する立場として登場するのが教師である。教師にとって学校は職場なので、そこで熱心に取り組むのはごく自然なことだが、生徒にとっては決してそうではない。ましてや、なぜこんなことを教えられるのか、やらされるのかと納得ができなければ不満が募る。その結果、学校に遅刻する、宿題をやってこない、あるいは教師に反抗的な態度をとるといった学校側にとっての「問題行動」も生じる。これにともなって、教師の側も服装や頭髪などの「生活」指導を厳しくする、多くのテストや課題などのペナルティーを課す対抗的手段をとりがちだ。これらの関係は、作用と反作用の法則（ニュートンの第三法則）の例に喩えられるほどに説明的である。

　かつて、生徒が教師を殺害したり反対に教師が生徒をナイフで切りつけた事件が起こった。今日、そこまではいかないとしても、残念ながら教師による「体罰」行為や生徒による対教師暴力がなくなることはない。教育を懸命にすると激しい反発を招き、反発を抑え込もうとより強く教育しようとする。教師と児童・生徒との間での、基本的に敵対する関係は明らかだろう。

2 教育労働の制約と曖昧さ

　このように学校を理解するならば，教師の仕事のなかで，学校や教師がめざす方向に子どもを仕向けることに対して，大きなエネルギーが費やされる理由がわかる。教師の働きかけは，「さあやってみよう」「もう少しがんばれ」と，指導という名のもとに婉曲に生徒に指示することが多いが，それでも子どもが喜んでそれに付き合ってくれる場合は，教師が期待するほどに多くはない。世の中の労働の多くが，自らの努力と労力である程度までは目標に近づきうるのに対して，教職のそれは自分だけでは決して実現できず，「相手次第」という大きなリスクを常に負っているのである。

　というのは，教師の労働はモノに対する労働と違い，その環境を自分の手ですべて整えることができない対人労働であることに加えて，自分の働きかける方向に沿って相手のニーズが必ずしも存在するわけではないという特徴をもつからだ。

　同じ対人労働であっても，例えば，旅館に泊まりに来た客のニーズはある程度までの範囲内に絞れるから，それに沿ったサービスは提供可能である。これに対して，学校に来る子どもの学校に対するニーズはそもそも存在しないか，あるいは存在しても「友だちとおしゃべりするため」や「部活でがんばるため」と，学校や教師の考えるものとは合致しない場合が多い。義務教育と違い，自らの意思で来るはずの高校段階においてすら，しばしばこういうことが起こるほどに，現在の学校は必ずしも高い意義を与えられておらず，一種の通過機関のようでもある。

　したがって，教師の考える教育課題に即して生徒をあまりに追いかけると，反発を買い，結果的にうまくいかないことが起こる。このため，教育的働きかけには「ほどほど」あるいは「いい加減さ」がどうしても求められるのだ。しかしながら，とくに熱心でとりわけ若い教師は自分の教育的情熱や体力が潤沢なため，子どもの様子や事情をあまり顧慮せずに「ぶつかって」いこうとする。それを受け止められない，受け止めたくない子どもにとっては，逃げるか歯向かうかしか道は残されないが，いずれにせよ教師が好感をもたれにくいことに

違いはないだろう。この点を忘れると，教師のもつ暴力性はいっそう顕わになるのである。

　学校のもつ基本特性のもう一つは，近代国家における国民形成の教育が，集合的な「金太郎アメ」のような人間をつくり出すことをめざすだけでなく，自発的で主体性をもった個人の形成を促すものでもあることだ。つまり，そこでは教育－学習関係というジレンマをかかえることから，教師の労働の結果や成果は，最終的には子どもに委ねざるをえないという点である。「私はこんな仕事をしました」と，何かを指して誇らしげに語ることは，残念ながら教師には難しい。

　教師の役割は文字どおり教えることにあるが，その意味は，教えられたとおりに相手がなることを期待するものではない。教えることはあくまでもきっかけであり，それを子どもが自分なりに受け止め学ぶこと，つまり，自分の理解を確かめ，ときに壊し，再構築する一連の行為として学習過程が想定されている。教えるとは，相手に自分を複写することでは決してない。

　これは，主体的に社会を構成し参加するという社会像と人間像のもとに近代国家－国民がおかれることから生じるものである。この点で，英語のsubjectが，主体と客体の両方の意味をもっていることは興味深い。おそらく，主体的であることは何かに依拠してこそ可能であり，それは従属的でもあるということなのだろう。教師は子どもたちに「言うことを聞くように」接するけれど，それは半分そのとおりになることを望み，残る半分ではそうならないことを望んでいるのである。

　だからこそ，学校においては，学校外から見れば不思議な言葉がしばしば飛び交う。「自主的に運動会に取り組ませる」「主体的な学びが育つように指導する」，あるいは「どこが悪かったのか，自分の胸に聞いてみろ」といったいい方は，その一例だろう。

　ことほどさように，教育－学習関係は主客関係の微妙な重なりを含んでおり，教師は教育主体，子どもは被教育主体であると同時に，子どもも教師も学習主体である。子どもが「教えられると同時に学ぶ」のと同じように，教師もまた

「教えると同時に学ぶ」ことを経験するのだ。

　教師はこうした主客関係を担う役割として位置づけられ，子どもたちを自分の考える方向に導くことを願う一方で，そこからはみ出してくれることを望んでいる。ここに，教えすぎてはいけない教師の役割があり，教師には自分がどんなふうに仕事をしているのか，自身をよく監視（モニター）できる力や，実践を前後して自分と子どもたちのことを振り返り，内省（リフレクション）できる力が求められるのだろう。

　以上のように教師の労働は，懸命に取り組むことが求められる一方で，これを抑制することをも求められる。あるいは，教師は子どもを指導するべきとされながら，彼らがそこでとどまらないことをも同時に要求される。教師がこうしたアンビバレンス（両義性）のなかにいること，それは国民形成の過程で生じる暴力的側面と合わせて，子どもが被教育者かつ学習者として登場することから説明されるのである。

　そして，これらは具体的に，次のようなコミュニケーションとして進められることになる。

第2節　認知と感情の交錯する教育労働という場

1　教育労働と教師の感情

　教師は，自分がどのように教えるかということと合わせて，子どもたちがどのように学ぶかについても注意を向けなければならない。教師の仕事のゴールは子どもがよりよく学ぶことにあり，うまく教えることが必ずしも第一義的ではないからだ。この点で教育労働は，教師が子どもに説明する，作業をさせるといった認知的な側面だけで語られるのではない。

　もちろん，自然現象を理解できるように述べる，歴史を解釈したり，現在の社会のルールを伝えるなど，読解，記述，発表，議論へと子どもを組織する活動は，教師の仕事の重要な部分を占めている。

　しかしながら，ある意味でそれ以上に重要なのは，子どもの学習への意欲を

高め，さらに動機づけること，もって自発的に学習に向かう子どもへと育てることである。そこでは，教師のみならず子どもの感情あるいは情緒や情動が大きな役割を果たしている。

まず，教師がもつ感情や情緒から考えよう。同じ内容を説明するにしても，思いを込めて熱心に述べることは経験上，有効な方略の一つと考えられている。それは内容が重要なことを暗示したり，教師が帯びる気配が子どもを圧倒する効果があるからだろう。この点で，教師が情熱的に，いわゆる気持ちを込めて子どもに関わることは望ましいともいえる。

ただし，そうした行動は本人が望んでできることばかりではない。教師がこんなにも大切だ，わかってほしい，おもしろいと思わないか，と自ら感じられる場合は問題がない。しかし，自然にそうは思えない場合はどうすればよいのか。自らそう感じられるほどに教材を研究してそのすばらしさに気づくことは大切だろう。これに加えて，多少は大げさでもそう見えるようにふるまうという演出も必要になる。感情の管理が要求されるのである。このように自然体だけでは労働に従事しにくいこと，これは教師がふまえるべき点の一つだろう。

むろん，素朴な自分のままで仕事ができる業種は限られている。多くの職業がそれぞれにふさわしく演じることを求めてはいるだろうが，教師の仕事がユニークなのは，こうした感情上の操作が労働主体である自身に対するものだけでなく，労働対象である子どもにも試みられること，また自身の演出はそれ自体が目的ではなく，子どもの主体性を引き出す触媒として重要視されている点にある。つまり，子どもが進んで学んだり，意欲をもって学校に臨むうえで，彼らに影響を及ぼす感情や情動が喚起される必要があるのだ。

この点で，教育労働は，ホックシールドが明らかにしたような表層演技と深層演技を通じて感情ワークとその集積としての感情管理が行われるだけでない。それは，労働対象の主体性を引き出すための感情管理をも含んでおり，いわば遠隔操作の様相を呈する。直接的に働きかけると肯定的な感情を引き出しにくく，間接的にすぎるとこれもまた望まれる結果が得られない。「様子を見ながら進める」や「ときに反対の方向からも働きかける」といったように，曖昧で

その瞬間になって初めて問われる判断が重要となる点において，教育労働はまったくユニークである。

2　学習への動機づけと感情

　では，教育的関係において子どもの感情はいかに引き起こされるのか。授業で扱われる内容の知的おもしろさは重要だろう。もっとも，すでに知っている，きのう塾で習った，興味をもてないと理由はさまざまだが，すべての子どもが動機づけられることは必ずしも期待できない。そのため，伝統的な一斉教授方式ではこの塩梅を調整することが難しいことから，これに対応するべく習熟度別と称されるグループ別の授業や，各自で進める個別の学習形式が採用される。

　また，情動は一人では生じにくくもあるので，みんなで「盛り上がる」ために，ゲーム的要素が教育活動に組み込まれたりもする。やり遂げるまでの時間を班対抗で競ったり，美しく掃除できたところを表彰するなどは，この例だろう。

　とはいえ，国語や社会の授業でグループ間のディベートを試みたところ，子どもの話から飛び火して学級での人間関係のありようにまで及んだり，道徳の授業で「命の大切さ」を扱ったところ，給食に出される豚肉を食べるべきでないという意見が出るほどに高揚することは望まれない。子どもたちの感情や情動は，あくまでも教師の手中に収まる程度にとどまらなければならない。

　この点でも，先に確認した教育労働におけるアンビバレンスを見いだすことができる。教師だけが情熱的にふるまっても，子どもたちが付いて来なければ「一人芝居」になる。反対に，子どもが熱心になりすぎて次の授業時間にまで食い込むようなことも，あまり喜ぶべきことではない。教師にとって子どもの意欲や熱意はとても貴重だが，それを操ることは容易ではない。彼らが盛り上がってくれなければ仕方がないし，かといって適当なところで終わってくれないと授業計画のうえで困る。教科ごとに規定された時間数を消化しなければならないからだ。小学校などで休み時間に楽しく遊んでくれた教師が，授業開始のベルが鳴ったとたんにモードの切り替わることを，慣れない子どもたちは不

思議そうに見ていることだろう。

3　非言語コミュニケーションとしての教育労働

　さて，以上のことはいずれも言語を介したコミュニケーションを中心になされるものだが，そこには重要なもう一つのチャンネルが隠れている。それは，非言語的なコミュニケーションである。論者の一人，ヴァーガスはこれを人体，動作，目，周辺言語，沈黙，身体接触，対人的空間，時間，色彩に分けて整理している。

　教師の背格好，服装や髪型，身ぶりや手ぶり，視線の配り方，声の大きさと抑揚や間合い，肩に触れたり握手といった仕草，話しかける際の向きと距離，叱るタイミングやその長さ，あるいは教室のデザインのあり方といったことを考えてみれば，それらが及ぼす影響の大きさを想定できるだろう。

　例えば，教師は子どもに「質問のある人は手を挙げて」「わかったかな」とたずねる。この発言は多くの場合，理解したかどうかをたずねているわけではなく，「じゃあ，次に進むよ」というメッセージである。そのことを子どもは，教師の声の調子や周りの生徒の「質問しない」という雰囲気から察するし，教師の側も意識しているかどうかは別にして，教科書の次のページをめくったり，子どもの顔を見ようとしない様子を見せる。これらは必ずしも明示的ではないが，確実に存在する「空気」あるいは規範を表している。

　同じように，濃い化粧や露出度の高い格好が「教師らしく」ないと，保護者にしばしば眉をひそめられるのはなぜか，あるいは，動きやすいからとYシャツとネクタイの下にジャージをはいている教師に，子どもが納得するような服装指導はできるだろうか，と問いを立てることもできるだろう。

　これらから，教師には二つの課題が求められていることがわかる。その一つは，子どもに伝えて理解させるとともに，彼らの意欲を喚起し「望ましい状態」をつくり出すために，まず自分の感情を知り操作すること，もう一つは，子どもの情動に影響を及ぼすべく彼らの気分や雰囲気を察知し，それを教育側にとって望ましい方向に向かわせることである。これらのために，言語的そして非

言語的なコミュニケーションが駆使される。

　かくも教育や学習という営みは見えにくく，行為や結果の確実な存在を前提にすることができないために，いわば当て推量でその場に臨まなければならない。それは勘やコツに基づくといった非科学的なものかもしれないが，「見える化」のできる客観的なものとして捉えることは難しい。また，暗黙知としての合理性を捨象することにも慎重であるべきだろう。

　以上，教師は子どもの意欲や関心を高めようとしつつ，同時にこれを抑制しようともする。教師は，両者のバランスをいわばギリギリのところでとりながら授業や生徒指導といった教育活動に臨んでおり，これらのマネジメントのために投入される教師の状況分析，意思決定，演出の認知資源および感情資源は相当量である。そして，この資源を継続的に再生産し，教育活動にいっそう向かわせるもの，それが教師のやりがいになる。以下では，このことについて考えてみよう。

第3節　教師のやりがい

1　他者からの承認としての「教師性」

　仕事のやりがいは人によってさまざまだろう。給料や福利厚生などの待遇，あるいは地位や身分に意味を見いだす人もいれば，その社会的意義こそ何より大切と考える人もいる。このなかで教職は，そのやりがいの発見もまたその喪失も，教育対象である子どもとの関係が大きく関わっていると推測される。

　授業や学級で子どもが笑顔を見せてくれること，自分の働きかけに懸命に応えようとしてくれる様子は，何よりも教師である自分の承認であり，教職を志した人の多くにとっての自己実現となる。長い時間に及ぶ煩雑な勤務も，こうした支えがあれば耐えることができる。「子どもや保護者からのありがとうの一言で，疲れも吹き飛ぶ」というのは多くの教師の一致するところだろう。多忙と多忙感の違いは，おそらくここにある。この反対に，子どもが言うことを聞かない「学級崩壊」や保護者からの酷評はこれを強く否定する。自分が教師

として認められていないことを感じるからだ。

　他者から与えられる評価が，かくも教師にとって重要なのは，教師であることを自分で証明するすべをほとんどもたないことが背景にあるためではないだろうか。つまり，教師の職能の多くは，状況依存的すなわち相対的な対人関係のなかでこそ発揮されるため，「教員としてもつべき力とは」といったそもそも論として，文脈や関係を離れた絶対的なものとして描き出すことが難しいのである。

　たしかに，教員免許状は国家資格として貴重だが，その活用率は例えば有資格者のほとんどが業務に従事している医師資格と比べて格段に低い。年度あたりで見た教員免許状の取得者数に対する採用者数の割合は，小学校においてこそ5割以上あるものの，中学校では1割程度，高校教員については5％にも満たないのである。「開放制」教員養成制度のもと，大学卒業資格に加えて「教員免許状も取れる」大学は，全大学の約8割，全短期大学の約7割に達する。学校で働いている数よりはるかに多くの有資格者がいることは，教員資格の稀少性を著しく弱める。また，「民間人」の校長や副校長・教頭の任用，特別免許状制度の活用促進なども，「なにゆえの教員免許状か」の説明力を削ぐものだろう。

　この点に関わって，教員免許更新制度や教職大学院の創設といった動向は，教職と教職教育の「高度化」を志向する点で，専門性の議論ではなく，専門職性に関わる議論と捉えることができる。この両者の足並みが揃えば関係者にはありがたいが，専門性の内実が規定されないために専門職性が強められると，両者は乖離，すなわち専門職性に関わる制度が形骸化する。教員免許更新講習の中身が「何でもあり」なのはこの状況の象徴だろう。定型をもちえない事業が評価されえないことは明らかである。それはまさに，講習に参加したそれぞれに委ねられざるをえない。講習に参加したことをもって専門職性は担保されるはずの一方で，専門性がどのように高められているかについて説明できないからだ。にもかかわらず，教員免許更新講習の追跡や評価が「研究」として行われかねない，憂うべき状況も散見される。教職大学院についてもおおむね同

様だろう。専門性の議論が頓挫している一方，専門職性の議論が正統化，つまり既得権の維持・拡大が図られようとしていることは，とても残念なことである。

　また教師の技術は，働きかける相手である子どもが受け止めるかぎり発揮されるという但し書きが付く。この点で「どの子どもにも通じる方法」はまず存在しない。よって，他者から見て「下手な授業」であっても，教師と子どもの関係が良好であれば，あまり問題にはならない。「モンスター・ペアレント」の問題も，多くはコミュニケーション上のまずさが背景にあると考えることができる。そこに絶対的な正解はあまりなく，「こうすればよい」という客観的な技術を抽出することは難しい。例えば，医師と異なって教師を技術者と呼ぶために越えなければならないハードルは高い。

　ちなみにこの点で，教師のやりがいの多くは，「はかなさ」と親和性をもつともいえる。教師のやりがいは曖昧な人間関係を基盤にしており，短い時間しか継続しない場合が多く，また再現することも難しい。まさに一期一会である。うまく進んだ授業だから「もう一回やって」といわれても難しいのが普通だろう。その場かぎりのものだからこそ，尊く，かけがいのないものでもあるのだ。

2　長い教職生活ゆえの困難

　教職におけるやりがいにいっそう留意しなければならない理由は，このほか，その就業期間が長い点からも指摘できる。3年に1度，文部科学省が行う『学校教員統計調査』に基づき，筆者が試算した教員の離職率は，最新の統計2007年度版の場合，定年退職者を含め，小学校で3.8%，中学校で3.3%，高校で4.1%と推計できる。

　いっぽう，厚生労働省による統計「平成22年上半期雇用動向調査結果の概況」（2010年12月）では，「教育・学習支援業」について入職率が10.1%なのに対して離職率は9.9%と報告されている。これらにも定年退職者が含まれているので，全数の30分の1程度が定年退職者と想定して，その分を除けば，教職における中途離職率の低さはいっそう際立つだろう。もっとも，近年の動向

から，若手教員とりわけ20歳代前半の離職率の高さを指摘する研究もあり，今後の傾向が変化するかもしれないことを付言する。

　少なくともこれまでの傾向，長く教職に就く人が多いという特徴は，その労働環境の変化の著しさと好対照になっている。労働環境がある程度は安定的で，かつその職業への入職と離職が多い，例えば看護職などは，ある病院を辞めて，期間を空けたのちでも別の医療機関に勤務できる。もちろん，職業的ブランクがあれば再開の際に研修を受けなければならないが，人を看護するという技術の普遍性は高いと見なせないだろうか。これに対して，例えば指導主事になって教諭の立場から5年も離れた場合には，「学校に戻って授業ができるだろうか」と不安を口にする人もいる。

　この点で，教師は自己革新を図る必要にいっそう迫られる。なぜなら，学校は学習指導要領の改訂にともなう教育内容や時間数の変更のみならず，子どもや保護者あるいは学校に対する社会的眼差しなど多様な変化が起こる一方で，自身は長く学校にとどまるために生じる，両者のずれが業務を遂行するうえで大きな障害になりうるからだ。

　教職に長く就いているほどに，教師と児童・生徒との年齢差が広がり，常識や感性などに違和感をもち，「子どもが変わった」と感じる機会も増えるだろう。例えば，50歳の教師にとって小学校4年生は，40年の開きがある。その社会的文化的な経験と獲得された観念の違いは，想像以上だろう。「指導力不足教員」が圧倒的に40〜50歳代であることも，長く務めればよい教師になるわけでは必ずしもなく，いわゆるベテランこそ危ういことを示唆するものといえる。教師のやりがいを長期的に持続させるためには，教師自身がうまく変態（メタモルフォーゼ）することが不可避になっているのである。

表2.1　指導が不適切な教員の認定者数等に係る推移（平成12〜21年度）

（単位：人）

	12年度	13年度	14年度	15年度	16年度	17年度	18年度	19年度	20年度	21年度
認定者数	65	149	289	481	566	506	450	371	306	260

出所：文部科学省「指導が不適切な教員の人事管理に関する取組等について」

【学校種別】

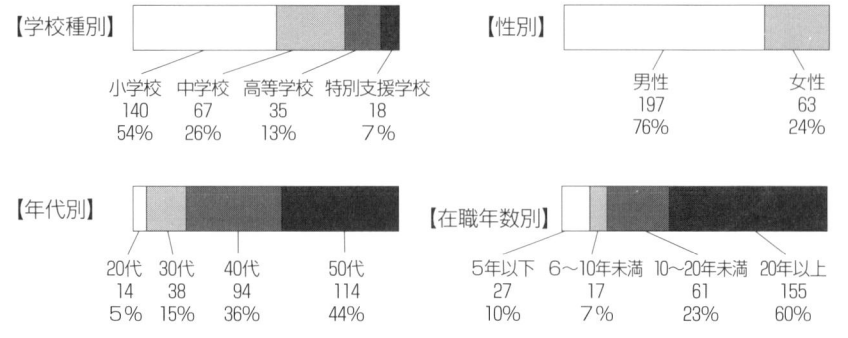

小学校 中学校 高等学校 特別支援学校
140　67　35　18
54%　26%　13%　7%

【性別】

男性　女性
197　63
76%　24%

【年代別】

20代　30代　40代　50代
14　38　94　114
5%　15%　36%　44%

【在職年数別】

5年以下　6〜10年未満　10〜20年未満　20年以上
27　17　61　155
10%　7%　23%　60%

図2.1　平成21年度における指導が不適切な教員の認定者の状況

出所：文部科学省「指導が不適切な教員の認定及び措置等の状況」2009年度

第4節　教師の健康を支えるもの

1　経験知にのみ依拠することの誤り

　教師がより高いパフォーマンスを実現するには，心身ともに健康であることが大切である。これはどのような業種や業態についてもあてはまるが，教職については，労働の過程と結果の見えにくさ，労働対象の管理の難しさなどから，自分の認知と感情の両方において高いマネジメントの力を要することが，いっそうふまえられなければならない。

　つまり，自分の手足や頭脳を使って対象に働きかける労働一般に共通する点に加えて，労働している自身のふりかえりが問われる。前者が肉体的・精神的に過度の疲労を避けること，また疲労から回復するための方略を主な課題とするのに対して，後者はともすれば自己へのモニターが乏しかったり，反対にあまりに強い自己注目がなされることによって起こる，推論の誤りを避けることが課題となるのである。

　一般に，長時間の労働は肉体的に過酷なだけでなく，可処分時間の減少にともなう多様な機会の減少と視野の狭窄をもたらす可能性を高める。労働環境がある程度は一定に保たれており，自分のやるべきことも明確な業務であれば，

その影響はまだ小さいかもしれないが，労働環境の変化が激しく，また自身の立ち位置も多様であることが求められる教職においては，大きな影響を及ぼすだろう。

例えば，推論の誤りとして挙げられる，過度の一般化や二者択一的な選択は，ゆとりのない状況で生じやすい。「以前の生徒もそうだったから，今年の生徒もそうだろう」「いま指導しなければ，取り返しがつかなくなる」といった判断をしかねない点において，教師を危険な状態に追い込みかねない。

2　メタ認知の力

つまり，多面的・複眼的に物事を捉えることのできるメタ認知の能力，あるいは相対的感覚をもっていることは，教師にとってきわめて重要であり，これを弱めるような環境に長く身をおくことは，職務を遂行するうえで求められる健康を破壊しかねない。例えば，連日遅くまで学校で仕事をすることは，家族や友人あるいは他者との関わりを弱め，旅行やレクリエーション，気分転換の機会すら乏しくして，新たな気づきや発見を得るチャンスを見逃す。そうすると，現代社会やそこでの学校の役割，子どもの様子や教師への期待，批判を自分の勤務校や自らの経験の限りで理解，判断することにもなりうる。「忙しくて新聞を読む暇などない」「ウチは母子家庭みたいなもの」と，自嘲的ではあれ周囲にもらす教師がはたして，多様な情報を得たり情感豊かに身の回りのことを受け止める余裕をもちうるだろうか。

激しい勤務や余暇の少なさが，うつ病や「燃え尽き症候群」（バーンアウト）と関わっていることについては，多くの報告がある。それはいずれの職業でも考慮されるべきことだが，他者の視点を弱め，思考実験をできなくし，あるいは自己開示に消極的になりがちといった状態は，教職において大きな問題と見なされるべきだろう。加えて，文部科学省「平成21年度　教育職員に係る懲戒処分等の状況について」（2010年12月）によると，病気休職となった公立学校教員は8627人（前年度比49人増），そのうち精神疾患によるものが5458人（前年度比58人増）で63.3％を占めるにいたり，この10年間で人数はおよそ2.5倍，

割合は1.4倍近くと，人数と割合のいずれも過去最高を記録している。

ちなみに，まだ仮説の域を出ないが，社会的逸脱の一つである性的逸脱，その一例としての「わいせつ行為」の発生率が，教職において平均値を少なからず上回ることが明らかになっている。仮に，こうした傾向が教師の精神的健康と関わっているならば，メンタルヘルスの保持に関する取り組みにとどまらず，恒常的な長時間労働や学校に向けられる「無理難題」の解消がいっそう求められる。

折しも，2007年12月に「仕事と生活の調和（ワーク・ライフ・バランス）憲章」と「仕事と生活の調和推進のための行動指針」が，「仕事と生活の調和推進官民トップ会議」にて策定された。教職も当たり前に仕事の一つであり，「使命感」や「教育的愛情」だけでは成り立たないことを，改めて確かめるべき時期にいたっている。

学校での健康問題は，これまでもっぱら児童・生徒に関する「健康教育」の文脈で論じられてきたが，これからは教職員の職場としてのあり方についても目が向けられるべきだろう。労働環境の整備は，事業主にとって重要な課題となっている。個人の健康問題にとどまらず，組織的な安全や衛生の観点を含む

表 2.2　病気休職者数等の推移（平成 13〜22 年度）

（単位：人）

	13年度	14年度	15年度	16年度	17年度	18年度	19年度	20年度	21年度	22年度
在職者数　(A)	927,035	925,938	925,007	921,600	919,154	917,011	916,441	915,945	916,929	919,093
病気休職者数　(B)	5,200	5,303	6,017	6,308	7,017	7,655	8,069	8,578	8,627	8,660
うち精神疾患による休職者数　(C)	2,503	2,687	3,194	3,559	4,178	4,675	4,995	5,400	5,458	5,407
在職者比（％）(B)／(A)	0.56	0.57	0.65	0.68	0.76	0.83	0.88	0.94	0.94	0.94
(C)／(A)	0.27	0.29	0.35	0.39	0.45	0.51	0.55	0.59	0.60	0.59
(C)／(B)	48.1	50.7	53.1	56.4	59.5	61.1	61.9	63.0	63.3	62.4

（注）「在職者数」は，当該年度の「学校基本調査報告書」における公立の小学校，中学校，高等学校，中等教育学校及び特別支援学校の校長，副校長，教頭，主幹教諭，指導教諭，教諭，助教諭，養護教諭，養護助教諭，栄養教諭，講師，実習助手及び寄宿舎指導員（本務者）の合計。
出所：文部科学省「平成22年度教育職員に係る懲戒処分等の状況について」2010年度

リスクマネジメントとしても,「健康な学校」が問われているのである。

【榊原　禎宏】

引用・参照文献
内田樹（2005）『先生はえらい』筑摩書房
岡東壽隆・鈴木邦治（1997）『教師の勤務構造とメンタル・ヘルス』多賀出版
岡原正幸・安川一・山田昌弘・石川准（1997）『感情の社会学－エモーション・コンシャスな時代』世界思想社
榊原禎宏（2009）「感情のマネジメントとしての公教育経営と教育実践」『教育実践研究紀要』（京都教育大学教育実践総合センター）第9号
榊原禎宏（2009）「『健康な学校』と学校経営論のリデザイン」『京都教育大学紀要』第115号
榊原禎宏（2010）「教員の精神的健康に関する一考察－教員の『わいせつ行為』は多いか」『京都教育大学紀要』第116号
榊原禎宏ほか（2011）「授業中の『ペン回し』がもたらすもの－非言語コミュニケーションに見られる教室の非制度」『教育実践研究紀要』第11号
中島一憲（2003）『先生が壊れていく－精神科医のみた教育の危機』弘文堂
松村千鶴（2011）「教員の世代交代と初任者育成」堀内孜編『公教育経営の展開』東京書籍
ホックシールド, A. R., 石川准・室伏亜希訳（2000）『管理される心－感情が商品になるとき』世界思想社
ヴァーガス, M. F., 石丸正訳（1987）『非言語コミュニケーション』新潮社

第3章 教師の人口動態と政策・研究・意識の変化

　教師の発達と力量形成を考えるにあたって，マクロな視点からの考察は欠かせない。一人ひとりの教師の発達と力量形成は，彼（女）らが属するさまざまなレベルの集団（身近なところでは家族や職場の集団から社会全体としては同世代や異世代の教師として共に同時代を生きる集団まで）のありように，意識的であろうが無意識的であろうが規定されているからである。本章では，教師の発達と力量形成の舞台を形成する，戦後日本社会における教師という職業集団の人口動態（第1節），それらに影響を与えつつ，また影響を受けつつもある教師教育政策と教師研究の推移（第2節），そしてそのなかでの集団としての教職意識傾向とその変容（第3節），について概略を描いていきたい。

第1節　教師という職業集団の人口動態

　職業集団としての教師集団は，その年齢構成の点で，より直接的には教師需給の変動に規定されて変化してきている。そして，それは，第二次大戦後の幾度かの大きな変化を経て，今再び，転換期を迎えつつある。

　図3.1～3.6は，敗戦後から現代に至る静岡県における小学校教師の男女年齢別人口構成表である。6つの年度における人口ピラミッドを通覧して見えてくる「コーホート・フロー（cohort flow）」から，時々の教師集団と教育界が抱えるいくつかの特徴と問題が見えてくる（なお，ここで使用するデータは，いずれも静岡県が公表している教育統計データに基づいている）。

　図3.1は，1958年度の男女年齢別人口構成表である。1945年の敗戦後10年間，教師をめぐる問題は，主にその量と質の確保問題であった。敗戦直後の青空学

級から始まった学校は多くの児童たちをかかえ，それを指導する教師不足に直面する。過大学級の解消を図るためにも若い教師が大量に採用されていった結果，平均年齢は男：34.9歳，女30.5歳となり，20歳代教師層の占める割合は教師全体の実に45.3％であった。学校は，とくに30歳代後半の中堅教師層の薄さとともに，50歳代の年輩教師もまた多くない，という人的環境となった。1949年に新制大学教育学部が発足し，1950年代前半には二部2年制課程も含め毎年度500人以上（ピーク時：1951-54年度680人）の卒業生を出し始めていたが，それでも毎年度見込まれた不足数1500〜1700人の半数にも満たなかった。教師集団全体の学歴別構成では，まだ師範学校卒（31.5％）が一番多く，認定講習修了者（19.6％）や旧制中学校卒（16.7％）も少なくなかった時期である。若い教師たちにとっては，先輩教師層の薄さゆえに，既存の職場文化にあまり拘束されることなくのびのびと新任期を迎えられるという一方で，職務や実践遂行上の指導者相談者の不在という職場環境も併せもつことになったのである。

　同時に，若い教師の大量採用は，「でも・しか教師」論を生む（永井道雄「この教師の現状をどうするか」『中央公論』1957年5月号所収）。それは，文部省の進学適性検査における大学・学部別成績の点で教育学部が最低である実態，教職が魅力を失いつつある実態を指摘し，公立学校の教育を「教師にでもなろうか」「教師にしかなれない」教師の手に委ねざるをえない現状に警鐘を鳴らしたのであるが，賛否両論を呼び起こし，教師の質に関する論議をも巻き起こしていくことになる。

　その10年後の1968年度の図3.2からは，戦後10年間程に大量入職した教師層（「戦後大量入職教師層」と仮称）が30歳代教師層を形成しはじめていることがわかる。しかし，新しく入職してくる20歳代教師層の数は少なく，平均年齢も，男：39.9歳，女：35.5歳と，10年前よりも，男女ともにちょうど5歳ずつ上がっている。戦後の教師不足への対応期は終わり，教育学部の分校等が整理統廃合される時期へ，そして教育学部における女子学生比率の増大（発足時の10％から50％へ）とともに教育界でも小学校では現職女性教師が半数を超えるという時期（全国で1969年に50.4％，静岡県で1968年に50.0％）へと入っ

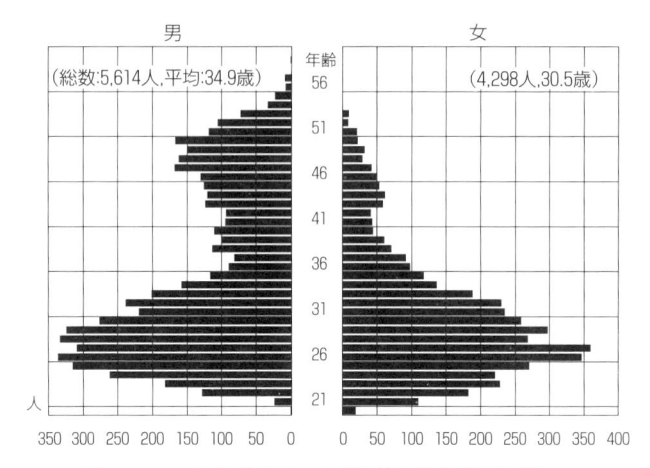

図 3.1　1958 年度　静岡県の小学校教師男女別年齢別人口

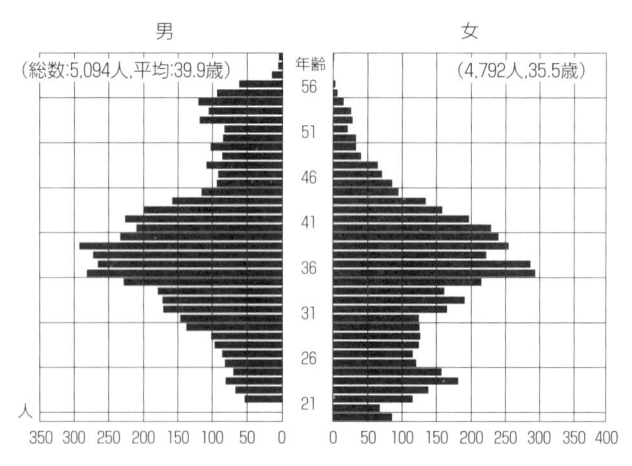

図 3.2　1968 年度　静岡県の小学校教師男女別年齢別人口

てきていた。社会全体では高度経済成長，職場ではストを含む教職員組合運動，大学では学園紛争のピーク期を迎えていた。30歳代の中堅教師によって占められた職場は，社会全体の動向とも相まって，教育問題以外のさまざまな政治的社会的課題にも目を向けた発言が大きくなるが，小学校は女性の職場というイメージもまた次第にふくらんでいった。

　こうした状況を背景に，第2次女性教師論ブームが始まる。戦後第1次女性教師論ブームは1950年代半ばに女性教師への差別的取り扱いに対する女性教師たち自身の抗議の声と改善の運動（1955年「産休法」，1961年「産休補助教員制度」の成立）であったが，第2次では職場の過半数を占めるようになった女性教師の専門的な資質能力の向上，さらには中堅教師となってきた女性教師の管理職への登用問題が焦点となってきたのであった。同時期，女性教師論の代表的な著作（例えば，斎藤喜博ほか『現代女性教師論』(1964)，木戸若雄『婦人教師の百年』(1968)，望月宗明『日本の婦人教師』(1968)，宮地茂編著『女教師のための学校経営入門』(1970)など）も，次々と公刊され始めてきていた。

　1978年度の図3.3からは，再び新たな20歳代若手教師層の登場期を迎えているのがわかる。1970年代に入るころより，第2次ベビーブーム世代の入学期と「戦後大量入職教師層」の退職期とが重なることを見通し，学校教師の需要拡大が図られた結果である。その新しく入職してきた20歳代教師層（「70年代大量入職教師層」と仮称）は，教師全体の28.7%を占め，しかも女性教師が多く男性教師の2.7倍にもなっている。したがって，平均年齢は男：42.1歳，女：36.0歳であるが，女性教師の平均年齢は男性教師ほどには上がっていない。この「70年代大量入職教師層」は，「団塊世代」「学園紛争世代」と呼ばれる者たちによって占められている。そして，「戦後大量入職教師層」はもう一つの塊（40歳代）を成し，次第に指導的管理的立場の教師層を形成しはじめ，2つの塊としての両教師層の拮抗した様相を呈している（1970年代以降の人口動態の変化に伴う教師政策や教師研究の推移に関しては次節を参照されたい）。

　1988年度の図3.4からは，図3.3と比較して一つの特徴点がうかがわれる。それは，「戦後大量入職教師層」の変化である。すなわち男性教師層において

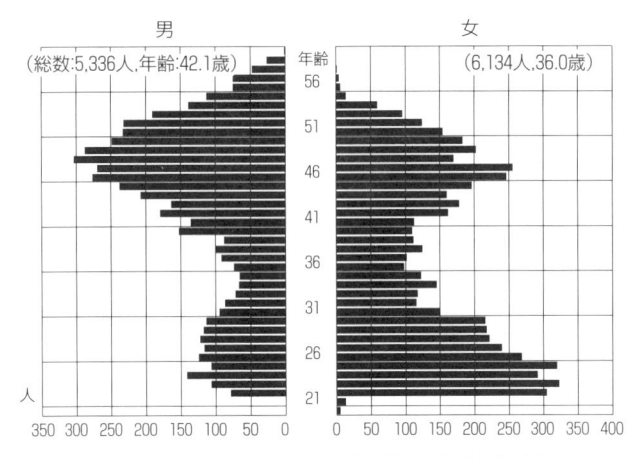

図3.3　1978年度　静岡県の小学校教師男女別年齢別人口

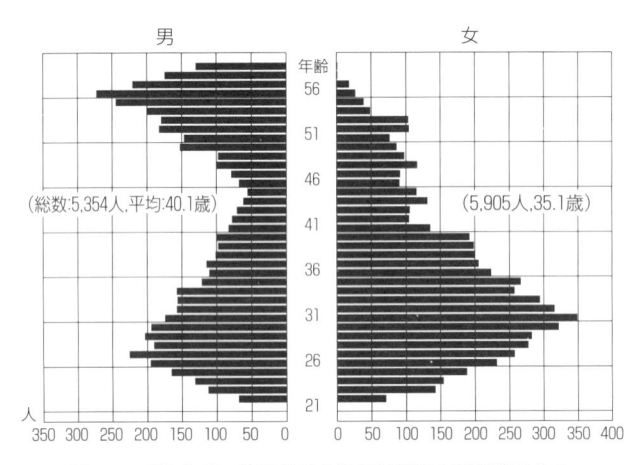

図3.4　1988年度　静岡県の小学校教師男女別年齢別人口

は塊を成したまま50歳代を迎えていることがわかるが，女性教師層はその塊が消失しているのである。これは女性教師層における停年前の大量離職を意味していよう。男性教師年齢構成における2つのピークの形成と女性教師年齢構成における1つのピークの消失という男女の「コーホート・フロー」の違いは明瞭である。1988年度の小学校校長数は男：526人・女：6人，同教頭数は男：526人・女18人であった。女性教師の管理職への登用率がわずかずつでも上昇傾向を見せはじめるのは1990年代に入ってからのことである。

図3.5および図3.6は，図3.4から10年，20年を経た，1998年度と2008年度における構成である。1990年代，「戦後大量入職教師層」は退職期を迎え，人口ピラミッドからすでに姿を消していった。それより下の各年齢教師層は，その基本的姿を維持したまま加齢していくが，一大塊を成す「70年代大量入職教師層」が50歳代を迎える一方で，新たに入職してきた20歳代の若手教師層が少ないため（「教員採用減少教師層」と仮称），人口ピラミッドはいわゆる「つぼ型」に近づいてきてしまっている。しかし同時に，「70年代大量入職教師層」における女性教師層のピークは，50歳代に入っても維持されている。図3.4で見られたような50歳代女性教師層における「ピークの消失」は認められず，女性教師層における教職の継続が新たな特徴としてうかがわれるのである。したがって，平均年齢は，男：45.4歳，女：44.1歳と，両者とも上昇，かつ女性教師の場合は9歳上昇（1988→2008年度）している。1990年代後半から2000年代前半にかけて，学校現場から若い教師たちの姿が薄らいでいったことは，学校全体の活気を低下させていったことに加えて，30歳代教師層がいつまでも若手教師としての役割期待を背負い続けていくこと，そしてそのことが教師としての発達にも影響を与えていった。

現在，2005年度あたりから，再び大きな変化が生まれ始めている。都市部を中心とした比較的人口の多い地域に限定的な変化ではあるが，「70年代大量入職教師層」の退職に伴う，若い教師の採用増である。全国的にみても，今後10年間に，教師全体の34％，20万人弱の教師が退職し，若い教師が大量に誕生すると見込まれている。このことによって，養成教育の現場・大学では，養

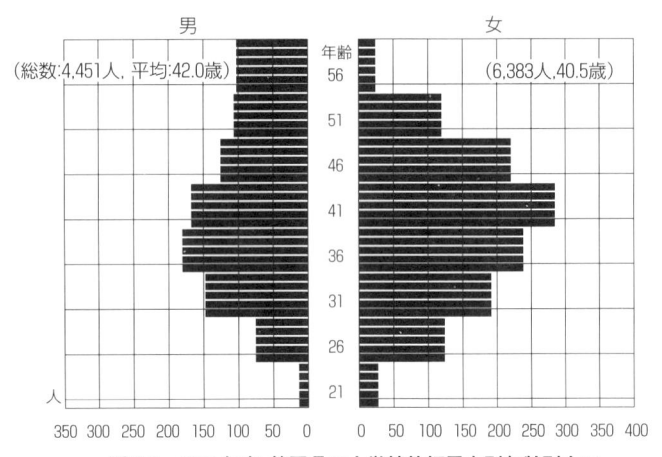

図 3.5　1998 年度 静岡県の小学校教師男女別年齢別人口

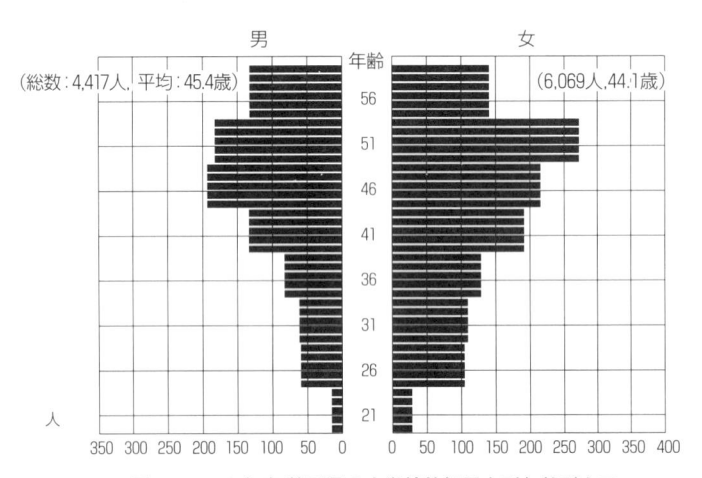

図 3.6　2008 年度 静岡県の小学校教師男女別年齢別人口

成教育の自己点検・評価と改善の取り組みが活発となり，教育実践の現場・学校では，コーホートの入れ替えが再び起こり始めている。それは（例えば本章第3節で考察するような）教師文化・教職意識の大きな入れ替えを意味しているのである。

正岡（1992）は，「特定のコーホートに生み出されたパターンは，ある間隔をおいた別のいくつかの継続するコーホートに対して波及効果をもつ」と述べ，「コーホート・フローと世代間関係のシフトをどのようにして1つの調査デザインに組み込んで社会的過程としての個人の加齢，社会構造の変動，そして世代間関係の変容の相互浸透性を記述し，そして説明していくかがわれわれに課せられた今後の課題であろう」と提起している。戦後における教師という職業集団の人口動態から，それぞれのコーホートが有する発達や力量形成のありようの特徴を捉えることは，まだ取り組みの弱い今後の課題でありつづけている。

第2節　教師教育に関わる政策と研究の推移

敗戦後の新しい教育制度が実施されてから教師は原則として大学卒業程度ということになったが，実態は1953年度時点でも大学以外の卒業者（例えば新制高等学校卒業者も含む）を相当数採用せざるをえない状態であり，量的確保を優先せざるをえないがゆえの質的確保策としての各種講習が実施されていた。例えば静岡県教育委員会は，新制教育学部内に「特設臨時教員養成科」を設置し助教諭を現職のまま入学させ半年講習半年実習のあと，仮免許状を与えた。また，現職助教諭を対象とした「仮免許取得講習会」を実施するなど，大量の若手教師層の質維持・向上に努めようとしたのである。

1960年代に入ると，第1次ベビーブーム世代が小学校を去りはじめ，小学校教師の量的確保問題は一段落するが，（上述したように）次第にその数が増えてきた小学校女性教師問題がマスコミなども含めて取りざたされるようになる。前節で述べたように，1960年代の半ばより，戦後の女性教師が研究対象となりはじめる。

表 3.1 教師教育に関わる政策と研究の歴史的経緯

	1970 年代	1980 年代	1990 年代	2000 年代〜
教員需要	上　　昇	横ばい	下　　降	回復から（都市部限定）急上昇
政策的要請	養成教育の量的拡大と強化	現職教員の資質能力の向上	実践的指導力の育成	教師教育の高度化・専門職化，質保証
実施政策	教員養成系大学・学部の定員増	生涯研修システムの体系化	教員養成系修士大学院の拡充	専門職（教職）大学院の設置
研究的視点	予期的・職業的社会化	キャリア発達・職能成長	ライフコース，ライフヒストリー	高度な専門的力量の解明・開発，リフレクション，コミュニティ

　しかし，教師の養成と研修の問題が，本格的に論議され，政策的にも次々と実施されはじめ，そして教師の発達と力量形成に関する研究も広範に行われるようになったのは 1970 年代に入ってからである。図 3.1 は，1970 年代以降の，国レベルの教師教育政策とそれにともなう教師研究の推移の特徴をキーワードによって示したものである（この図 3.1 は，山﨑（2008）において提示したものを一部加筆修正した）。

1　1970 年代：教師の需要拡大と教員養成系大学・学部の規模拡大

　1970 年代に入るころより，第 2 次ベビーブーム世代の入学期と第二次世界大戦直後に大量採用された教師たちの退職期とが重なることを見通し，学校教師の需要拡大とそれに対応した国立教員養成系大学・学部の規模拡大が行われることになる。これを背景として，大量に入学してくる学生たちをどのように教育していくべきなのか，そもそも教員養成系大学・学部へ入学してくる学生たちの教育観や教職意識はどのようなものであり，4 年間という養成教育期間においてそれらはどのように変容していくのであろうか，という一連の問題意識のもとに，全国の教員養成系大学・学部においては自らの学生たちを対象にした実態調査研究が，「職業的社会化（特に予期的社会化）」という研究的視点から盛んに行われるようになっていった。

2　1980年代：「教師の資質能力の向上」と生涯研修体系化

　1980年代に入ると，大量に採用された教師たちの継続的な資質能力の向上を図る必要が課題として挙がってくる。科学技術の進展にともなって新しい知識や技術の更新はめざましく，それらにたえず対応するためにも専門職に従事する者の生涯にわたっての研修の必要性が強調されてくる。同時に，中学校を中心的な舞台として，非行や校内暴力などの，いわゆる学校の"荒れ"状況が蔓延し，それらに対する学校教師たちの資質能力が社会的にも問われてくるようになる。こうして，教師の資質能力の向上といった課題は，養成教育段階だけではなく，採用段階から現職教育段階のすべてにわたって継続的に追求されるべきものとして考えられるようになっていった。

　臨時教育審議会第2次答申（1986年「生涯研修体系の整備」）や教育職員養成審議会答申（1987年「初任者研修制度の創設」）が出され，翌年の教養審答申（1988年「教員の資質能力の向上方策について」）では，「教員としての資質能力は，養成・採用・現職研修の各段階を通じて形成されていくものであり，その向上を図るための方策は，それぞれの段階を通じて総合的に講じられる必要がある。」と明確にうたわれた。このような国内における動向の背景には，ユネスコ「教師の役割の変化と教職の準備・現職研修に関する勧告」（1975年）によって，「教師教育が就職前の準備に始まり教師の職業の生涯を通じて継続する，不断のかつ調和のとれた過程として再組織されることを保証する総合的な施策が必要である」と述べられ，それまでの「教員養成（Teacher Training）」に代わって「教師教育（Teacher Education）」という観点が打ち出されたことがあった。

　各都道府県レベルにおいては，実技や面接などを取り入れた教員採用試験の多様化と現職教師の生涯研修体系化が構想され，その具体的整備が一斉に図られていった。そしてこれらの政策的動向のもとで，経営学研究や職業指導研究などの成果に基づいた「キャリア発達・職能発達研究」が教師教育分野においても盛んとなっていった。

3 1990年代：新しい教育状況と実践的指導力の育成

1990年代に入って，初等中等教育段階の子どもたちの間で「いじめ」や「不登校」現象が増加するなど，子どもの心を理解し，指導する力，いわば学習指導と生徒指導の両面にわたっての「実践的指導力」が従来にも増していっそう強く教師に求められるようになってきた。教養審は3次にわたって答申を打ち出し，第1次答申（1997年「新たな時代に向けた教員養成の改善方策について」）は，カウンセリングなどを中心とした教職関連科目の単位増や教育実習期間の延長などを特徴とする教育職員免許法改定（1999年）の基調を成した。第3次答申（1999年「養成と採用・研修との連携の円滑化について」）においては，「教員の各ライフステージに応じて求められる資質能力」が提起され，「初任者の段階」においては「大学の教職課程で取得した基礎的，理論的内容と実践的指導力の基礎等を前提として，採用当初から教科指導，生徒指導等を著しい支障が生じることなく実践できる資質能力が必要であり，さらに，教科指導，生徒指導，学級経営，教職一般について一通りの職務遂行能力が必要である。」とうたわれた。

その一方で，1990年代に入ると，少子化という大きな動向を背景として教師の採用状況は次第に悪化していった。その象徴的事例は，国立教員養成系大学・学部（教員養成課程）卒業者の教員就職状況が1999年度には32％（正規採用14％＋臨時的任用18％）にまで落ち込んだことである。

社会学等の諸学問における「質的研究」の興隆を背景として，教師教育分野においても教育専門家としての発達や力量形成の実態を個々人の有り様を，一人ひとりの教師の多様性を尊重しながら，よりリアルに解明していこうとする教師の「ライフコース（life-course），ライフヒストリー（life-history）研究」が盛んに取り組まれるようになってくる。

4 2000年代：高度専門職業人養成とその質保証

1980年代から急速に進められた国立教員養成系大学・学部における修士大学院の設置は，1996年にすべての大学・学部における設置を完成する。教師教育の課題，とりわけ現職教師の資質能力の向上課題は，大学院レベルの課題

として取り組まれるようになってきたのである。この動向は新世紀に入ると，同上教員養成系修士大学院での研究・教育が必ずしも専門職業人養成に特化していないとの批判もあいまって，教師教育における高度専門職業人養成とその質保証の動きとなってさらに一段と強まっていく。その象徴が，2008年4月から発足することになった教職大学院とその認証評価制度であり，養成教育および現職教育の各段階を通じて達成すべき目標を示す「教員養成スタンダード」作成の動きである（これら教職大学院とその認証評価基準策定，「教員養成スタンダード」作成の動向に加えて，「教員評価」とそれに関係する一連の教員人事政策である「優秀教員表彰」制度や「指導不適切教員」問題などの動向に関しては，山﨑（2011）を参照願いたい）。

この動きに対応して，教師教育に関する研究的視点としては，職業人（エキスパート）が長い時間と経験のなかで自己形成し蓄積してきた高度な資質能力・専門的力量（それは多くの場合，その個人の人格と一体となっており，人格と切り離して定式化・言語化・伝達化されることは難しいという特性を有する）を，その個人からはぎ取り，その中身を解明し，その共有方法を一定のシステムまでに整備していく関心が高まってくる。そして，その高度な専門的力量が発揮される行為や能力，その解明や開発にむけた一つの方法をさすものとして，多義的ではあるが象徴的な概念としての「リフレクション（reflection）」に，さらには高度な専門的力量が生み出される場，専門的職業人が育成される場としての「コミュニティ（Communities）」に，研究的関心が向けられてきている（この問題については本書第9章を参照）。同時に，養成教育や現職研修の改革も盛んになってくるが，その改革の取り組みの開発，そしてその効果を評価し検証していくという「質保証」に関する政策と連動した教師研究が行われるようになってくる。

以上のように，1970年代以降のおよそ40年間を見ただけでも，教師教育政策と教師研究は，教員需給の変動に規定されながら，かつ時々の学校教育課題（主には子どもの意識や行動の変化）への対応に迫られながら，その重点のおき所をかえてきている。しかし，そのような歴史的経緯をふまえての今日的視点と

しては，大学教育全体としての「課題探求能力」を中核とした「学士力」育成と，教職課程における「基礎的，理論的内容と実践的指導力の基礎等」の育成とが重要であり，さらにその基盤の上に立って，現職教育段階における高度専門職業人にふさわしい一定レベルの資質能力と実践的指導力の育成が重要であるといえよう。同時にそれは，生涯にわたっての発達と力量形成，多様で個性的な発達と力量形成，そして自らの生活経験や実践経験を通じて自己形成していく発達と力量形成という視点を併せもつことが重要であることも強調しておかねばならない。

　学校現場の多忙化を背景として，職場において実践に従事しながらゆっくりと教師を育てていくゆとりが失われていく状況下で，養成教育段階にも「即戦力」としての教師養成が要求されるようにもなってきている。しかし特筆しておかなくてはならないのは，教養審第1次答申（1997年「新たな時代に向けた教員養成の改善方策について」）において，「画一的な教員像を求めることは避け，生涯にわたり資質能力の向上を図るという前提に立って，全教員に共通に求められる基礎的・基本的な資質能力を確保するとともに，さらに積極的に各人の得意分野づくりや個性の伸長を図ることが大切である。結局，このことが学校に活力をもたらし，学校の教育力を高めることに資するものと考える」とうたわれていること，そして中央教育審議会答申（2005年「新しい時代の義務教育を創造する」）において，「優れた教師の条件」としての「3つの要素」として，「①教職に対する強い情熱」及び「②教育の専門家としての確かな力量」と並んで「③総合的な人間力：豊かな人間性や社会性，常識と教養，対人関係能力，コミュニケーション能力などの人格的資質，同僚と協力していくこと」が打ち出されたこと，さらにはそれに引き続く中教審答申（2008年「学士課程教育の構築に向けて」）においては，変化が激しい近未来社会において保証すべき「学士力」とは，「課題探求や問題解決等の諸能力を中核としている」こと，「最終的には，課題探求能力という高等教育に相応しい高次の目標の達成に努める必要がある」ことなどが打ち出されたこと，である。生涯にわたる発達と力量形成を見通したうえで，その基盤づくりという養成教育段階における固有の役割と

課題とが見失われてはならない。

第3節　コーホートとしての教職意識傾向とその変化

上述してきたような戦後の教師集団の人口動態と教師に関わる政策と研究の推移は，現在，どのような課題を生じさせてきているのだろうか。この点を，教職観に関する「コーホート分析」を試みることによって，明らかにしていきたい。

3つの図3.7～3.9は，現職教師（11集団の卒業コーホート：GC＝Graduate Cohort）を対象として実施した5年間隔5回にわたる継続調査において，それぞれ代表的な教職観についての肯定的な回答の割合を示したものである[1]。

まず最初の図3.7は，「教師は子どもの将来のためにも日本の政治や平和の問題にも積極的に発言していかねばならない（略称：「政治」）」という考えに対する支持率を示したものである。肯定的回答の支持率は，第3～5GCにおいてピークを形成しており，その前後のGCにおいては低下，とくに第7～11GCにおける支持率は第3～5GCの約半分にまで，第1～2GCよりもさらに低下している（2004年第5回調査時点では，一番高い支持率を示した第3GC：73.9％と，一番低い支持率を示した第10GC：46.9％とでは，その差27.0％）。しかもこの傾向は，5回にわたる調査のいずれにおいても同様の弧を描く折れ線が重なり合うかたちとなってあらわれていることがわかる。つまり，「コーホート効果（cohort effects）：加齢や時代の推移によっても基本的に変化することのないコーホートに特有なあらわれ」がうかがわれるのである。そしてこの第3～5GCとは，前節でみてきたように，「戦後大量入職教師層」と入れ替わるように登場してきた「70年代大量入職教師層」なのである。このような同教師層に固有な意識傾向は，彼（女）らが多感な青春時代を過ごした大学において迎えた学園紛争の経験からもたらされたものであることもうかがわれるのである。

それに対して図3.8は，図3.7で問われた考えと同様な性格の考え，すなわち「教師は自分たちの仕事をより充実した者とするために職場の労働条件や賃

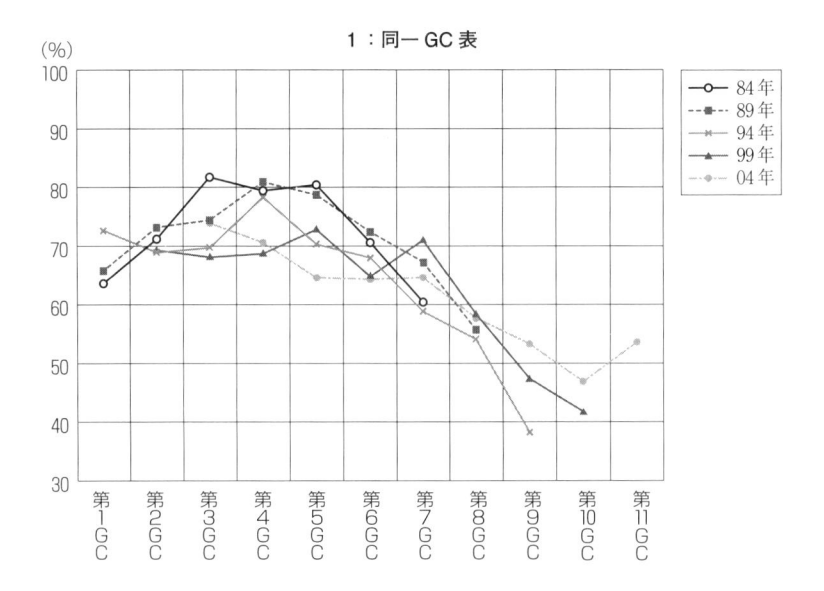

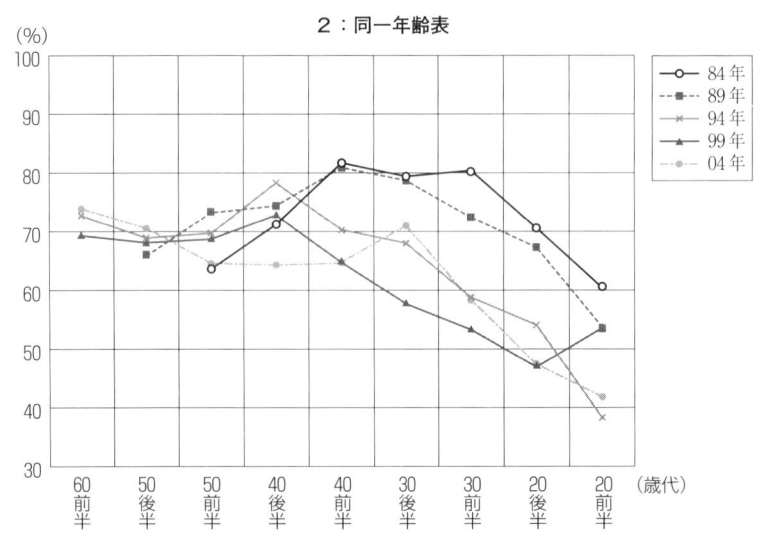

図3.7 教師は子どもの将来のためにも日本の政治や平和の問題にも積極的に発言していかねばならない（略称：政治）

（注）数値は「非常にそう思う」+「どちらかといえばそう思う」の％値。

1：同一 GC 表

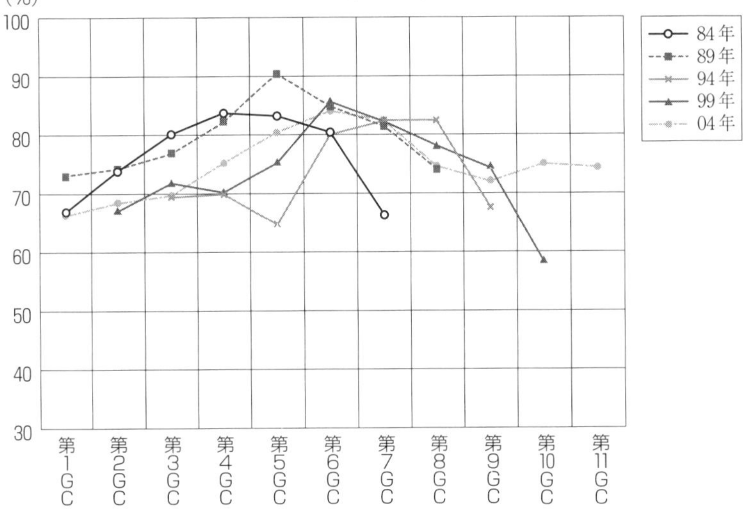
(%)
100
90
80
70
60
50
40
30
第1GC
第2GC
第3GC
第4GC
第5GC
第6GC
第7GC
第8GC
第9GC
第10GC
第11GC
84年
89年
94年
99年
04年

2：同一年齢表

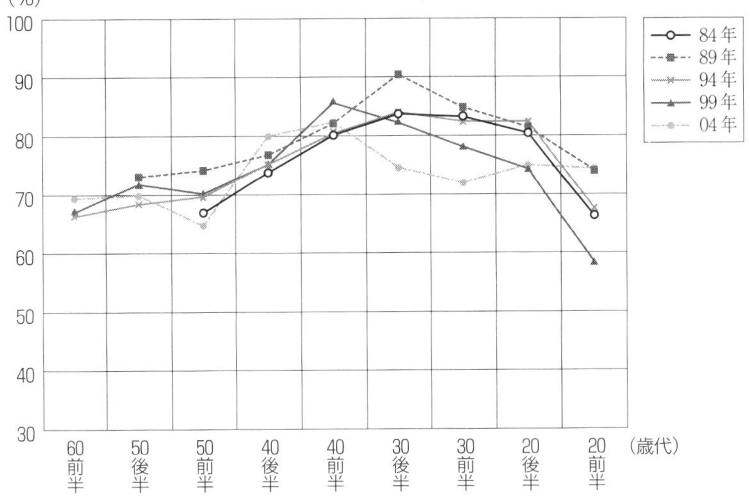
(%)
100
90
80
70
60
50
40
30
60前半
50後半
50前半
40後半
40前半
30後半
30前半
20後半
20前半
(歳代)
84年
89年
94年
99年
04年

図 3.8　教師は自分たちの仕事をより充実したものとするために職場の労働条件や賃金について団結して改善していかねばならない（略称：労働条件）

（注）数値は「非常にそう思う」+「どちらかといえばそう思う」の％値。

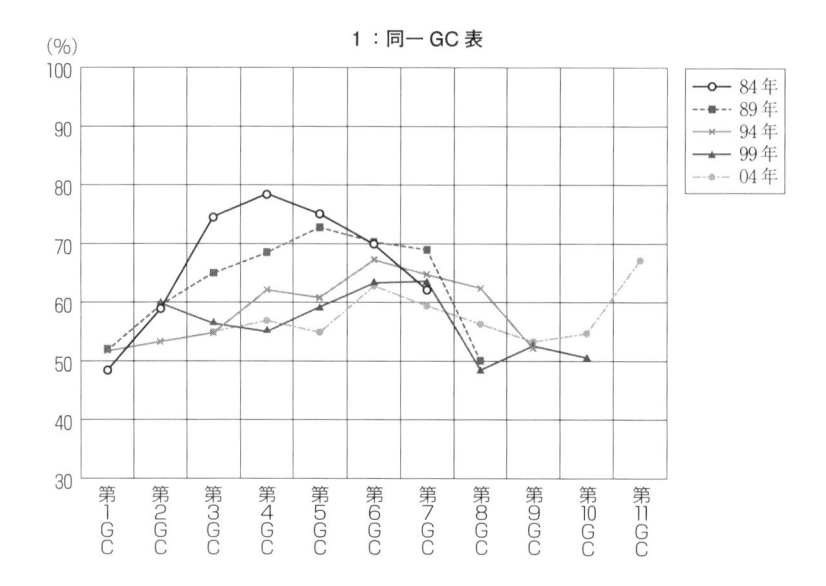

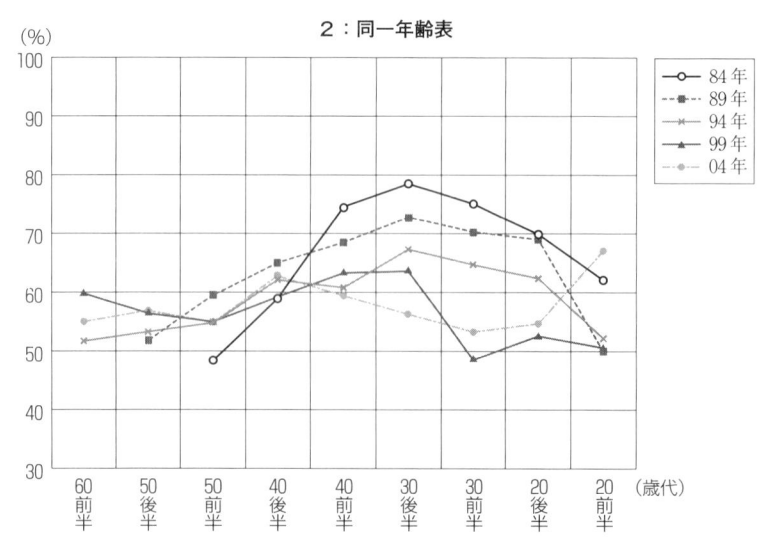

図 3.9 教師は教材・教科書・教授方法を決定する権限が与えられねばならない
　　　（略称：教育権限）

（注）数値は「非常にそう思う」＋「どちらかといえばそう思う」の％値。

金について団結して改善していかねばならない（略称：労働条件）」に対する支持率を示したものであるが，その傾向的特徴はやや異なっている。すなわち，「労働条件」に対する支持率の傾向は，全体としての高い支持率を維持しながらも，「同一 GC 表」における「政治」の場合のような「コーホート効果」は明確には認められない。しかし，「同一年齢表」における支持率の傾向は，5回の調査とも 30 歳代後半〜40 歳代前半までの教師層がピークを形成し，その前後の年齢段階教師層では低下していることがわかる。これは，「政治」が理念的な面における態度を問うているのに対して，「労働条件」は賃金などの実際の生活的経済的な面に関係した態度を問うているがゆえに，結婚し子どもを育てていくという家庭生活が営まれるようなる年齢段階（30 歳代〜40 歳代前半）において，他の年齢段階教師層よりもその態度が肯定的に傾いていく特徴のあることがうかがわれる。つまり「加齢効果（age effects）：基本的にどのコーホートも加齢とともに向上ないし低下していくという変化を示す」が示されていることがうかがわれるのである。結婚・出産・育児というライフコース上の時期に入り，時間や金銭の面での要求が高まっていくことにその主な影響要因があるのではないだろうか（なお，「政治」も「労働条件」も男女の違いは認められなかった）。

最後の図 3.9 は，「教師は教材・教科書・教授方法を決定する権限が与えられねばならない（略称：教育権限）」という考えに対する支持率を示したものである。そこには，「コーホート効果」や「加齢効果」と認められるほどの傾向的特徴はみられない。「同一 GC 表」も「同一年齢表」もともに，5 回の調査結果である折れ線は重なり合っているとはいいがたいものであるといえよう。しかし，別なもう一つの特徴がうかがい知れる。すべての GC，すべての年齢段階にわたっているとはいいがたいが，「同一 GC 表」では第 3〜5 GC において，調査回数が進むにつれて支持率は一様に低下しているのである。つまり「時代効果（period effects）：時代や社会全体の雰囲気や意識傾向を反映し，その影響を受けていくという変化を示す」が示されていることがうかがわれ，しかもその低下の程度は最大 25％余りと，大きな落差を示しているのである。

以上，分析結果の一部にすぎないが，教職観に対するコーホート分析結果をみてきた。そこにうかがわれた特徴は，現時点の教師集団にどのような変化をもたらし，私たちにいかなる課題を提起していることになるのであろうか。次の２点を提起しておきたい。その第一は，今後10年間近く入れ替えによって登場してくる若い教師層は，その意識傾向として，上述した「政治」「労働条件」「教育権限」のいずれにおいても退職していく教師層とは大きな違い，すなわち肯定的意識の低さを特徴としている。「労働条件」「教育権限」については今後それぞれ「加齢効果」「時代効果」が見込まれるかもしれないが，「政治」については基本的な特徴を維持していくことが予想される。しかしいずれにしても，これは教師集団全体としての意識傾向，教員文化のありよう，教職遂行の仕方，そして教員組合運動や教育行政のありようなどにも大きな変化をもたらしていくことが予想されるのである。第二は，新登場の若い教師層は，もう一つ「教職選択時期の早期化」という傾向をもち，その教職選択動機として「自らの被教育体験期に出会った教師の影響」であることから，養成教育および新任期研修のあり方にも影響をもたらしていくのではないかと考える（この若い教師における「教職選択時期の早期化傾向」と「教職選択動機における被教育体験期に出会った教師の影響」についてのデータは，山﨑（2012）を参照願いたい）。

【山﨑　準二】

注
（１）　筆者の継続調査とは，戦後新制静岡大学教育学部を卒業し，静岡県下の小・中学校に赴任していった年齢・性の異なる総計1500名余りの教師たち（第１回卒業生以降，卒業年度５年間隔の11集団の卒業コーホート＝GC：Graduate Cohort）を対象として，1984年から５年間隔で同一対象者に継続してきているアンケート調査と各コーホート２～３名に対して1994年および2004年に実施したインタビュー調査である。本文中にみられる11～１GCとは，2004年調査時点においてそれぞれ20歳代前半～（約５年間隔）～70歳代前半の現職および退職教師層をさしている。詳細は，第３回調査までについては山﨑（2002）を，第５回調査（量的分析のみ）については山﨑（2012）を，それぞれ参照願いたい。
　　　　また，本文中で紹介している三つの図表は，上記アンケート調査において設定している「教職観」に関する六つの質問項目の内の三つである。５回にわたる調査の間隔はそ

れぞれ5年であるから，第1～5回の調査までには20年間が経っていることになる。それぞれの質問に対する回答結果は，各GCが示した5回の調査時点での数値をX軸上の同一カテゴリーとして表わしたもの（「1：同一GC表」）と，各GCが示した5回の年齢段階での数値をX軸上の同一カテゴリーとしてあらわしたもの（「2：同一年齢表」）との二つの図表によって示した。その2種類の図表によって，「加齢効果」「コーホート効果」「時代効果」の影響を考察しようとしたのである。なお，表記した数値は，それぞれの質問に賛成の意志を表明した（「非常にそう思う」＋「どちらかといえばそう思う」）者の割合％である。この結果についての詳細も，山﨑（2012）を参照願いたい。

引用・参考文献
正岡寛司（1992）「コーホート・フローと世代間関係」早稲田社会学会編『社会学年誌』33号 1992年3月
山﨑準二（2002）『教師のライフコース研究』創風社
山﨑準二（2008）「第2章 日本における教員研修の課題と展望」東京学芸大学教員養成カリキュラム開発研究センター編『東アジアの教師はどう育つか』東京学芸大学出版会
山﨑準二（2011）「第5章：教員の評価」，教育目標・評価学会編『「評価の時代」を読み解く：教育目標・評価研究の課題と展望（上巻）』日本標準
山﨑準二（2012）『教師の発達と力量形成――続・教師のライフコース研究』創風社

第Ⅱ部　教師を取り巻く環境を考える

第4章　教師としての個業性と教員としての分業—協業性

第1節　組織としての学校

1　公共的事業としての学校教育

　教師の職場は学校である。それは，教師の仕事が学校という枠組みのなかで行われ，例えば，家庭や地域社会における教育活動とは違う面をもつことを意味する。

　では，教育の一つの場として，学校はどんな性格を帯びているだろうか。この章では，教師の仕事にとっての学校の意味を明らかにするなかで，教師が同時に，教員や教育職員でもあることのユニークさについて考えてみたい。

　まず，義務教育を中心とする初等・中等学校は，次のような条件のもとにおかれている。①法律に定める学校であり（学校教育法の「一条校」），憲法，教育基本法，学校教育法のほか，学習指導要領や学校管理規則など，多くの法律や制度を通じた規定を受けている。②義務教育では授業料が無償であることに加え，高校段階や私立学校でも莫大な公費が支出されている。また，2010年度からは，高校の授業料無償化の措置もとられるようになった。③学校教育を実施するうえで最大の資源となる教職員のうち，最も多くを占める教諭は国家資格である教員免許状を所持している。

　つまり，学校教育は公共的事業として，教育を担う正統性を法的に与えられ，それゆえに多額の公費が投入されるとともに，しかるべき有資格者によって行われるように設計されている。つまり，国（中央政府），都道府県や市町村（地方政府）が実施，許認可，助成する事業として，高い公共性をもち，家庭教育や学習塾などの私的とされる教育とは一線を画する点で特徴的である。

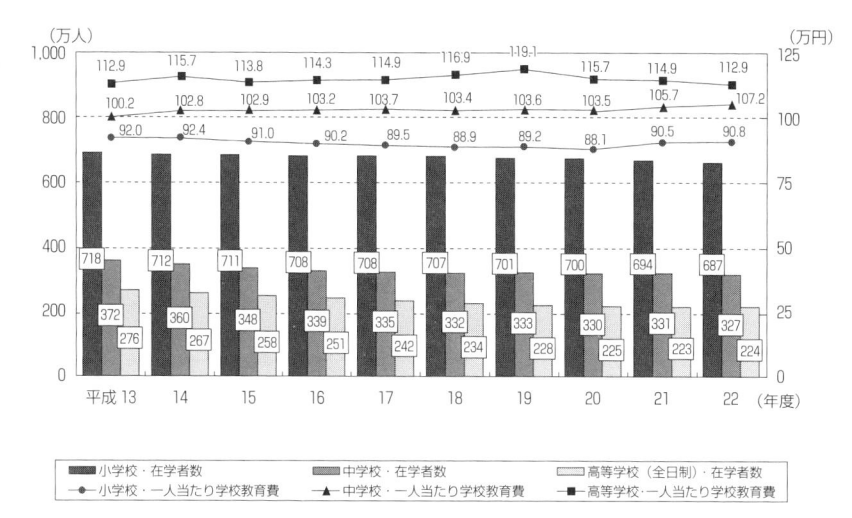

図4.1 小・中・高等学校の在学者数と一人当たり学校教育費の推移

出所：文部科学省，地方教育費調査「小・中・高等学校の在学者数と一人当たり学校教育費の推移」（2011年度［2010会計年度］）

2　学校教育をめぐる負担と評価

　例えば，都道府県費負担教職員の給与の3分の1は国が，残る3分の2は都道府県が負担し，財政力の高くない市町村であっても，児童・生徒数に対応した教職員数を配置できるようにしている。義務教育段階の教員らの給与に関わる義務教育費国庫負担のあり方は，この点で焦眉のテーマの一つだが，仮にこの国庫負担制度が廃止された場合，都道府県あるいは市町村に及ぼす財政的影響は決して小さくないだろう。

　あるいは，未払い問題がしばしば取り上げられる学校給食についても，一食あたり200数十円の保護者負担である給食費は原材料費にすぎず，それ以外の人件費，光熱費などを含めれば，少なくとも給食は一食400円程度，自校方式などの場合は600円を超える額に上ることが，事例研究から明らかになっている。このほか，施設や機材の減価償却費などを考慮すれば，給食はかなり高額ともいえるサービスだが，自分の口に入る給食は受益者負担という考え方もあ

表 4.1 教員の業務の分類

児童生徒の指導にかかわる業務	a	朝の業務	朝打合せ，朝学習・朝読書の指導，朝の会，朝礼，出欠確認など
	b	授業	正規の授業時間に行われる教科・道徳・特別活動・総合的な学習の時間の授業，試験監督など
	c	授業準備	指導案作成，教材研究・教材作成，授業打合せ，総合的な学習の時間・体験学習の準備など
	d	学習指導	正規の授業時間以外に行われる学習指導（補修指導，個別指導など），質問への対応，水泳指導など
	e	成績処理	成績処理にかかわる事務，試験問題作成，採点，評価，提出物の確認・コメント記入，通知表記入，調査書作成，指導要録作成など
	f	生徒指導（集団）	正規の授業時間以外に行われる次のような指導：給食・栄養指導，清掃指導，登下校指導・安全指導，遊び指導（児童生徒とのふれ合いの時間），健康・保健指導（健康診断，身体測定，けが・病気の対応を含む），生活指導，全校集会，避難訓練など
	g	生徒指導（個別）	個別の面談，進路指導・相談，生活相談，カウンセリング，課題を抱えた児童生徒の支援など
	h	部活動・クラブ活動	授業に含まれないクラブ活動・部活動の指導，対外試合引率（引率の移動時間を含む）など
	i	児童会・生徒会指導	児童会・生徒会指導，委員会活動の指導など
	j	学校行事	修学旅行，遠足，体育祭，文化祭，発表会，入学式・卒業式，始業式・終業式などの学校行事，学校行事の準備など
	k	学年・学級経営	学級活動（学活・ホームルーム），連絡帳の記入，学年・学級通信作成，名簿作成，掲示物作成，動植物の世話，教室環境整理，備品整理など
学校の運営にかかわる業務	l	学校経営	校務分掌にかかわる業務，部下職員・初任者・教育実習生などの指導・面談，安全点検・校内巡視，機器点検，点検立会い，校舎環境整理，日番など
	m	会議・打合せ	職員会議，学年会，教科会，成績会議，学校評議会，その他教員同士の打合せ・情報交換，業務関連の相談，会議・打合せの準備など
	n	事務・報告書作成	業務日誌作成，資料・文書（調査統計，校長・教育委員会等への報告書，学校運営にかかわる書類，予算・費用処理にかかわる書類など）の作成，年度末・学期末の部下職員評価，自己目標設定など
	o	校内研修	校内研修，校内の勉強会・研究会，授業見学，学年研究会など
外部対応	p	保護者・PTA対応	学級懇談会，保護者会，保護者との面談や電話連絡，保護者応対，家庭訪問，PTA関連活動，ボランティア対応など
	q	地域対応	町内会・地域住民への対応・会議，地域安全活動（巡回・見回りなど），地域への協力活動など
	r	行政・関係団体対応	教育委員会関係者，保護者・地域住民以外の学校関係者，来校者（業者，校医など）の対応など
校外	s	校務としての研修	初任者研修，校務としての研修，出張をともなう研修など
	t	会議	校外での会議・打合せ，出張をともなう会議など
その他	u	その他の校務	上記に分類できないその他の校務，勤務時間内に生じた移動時間など
	v	休憩・休息	校務と関係のない雑談，休憩・休息など

出所：教員の業務の分類（東京大学『教員勤務実態調査（小・中学校）』報告書」平成18年度文部科学省委託調査研究報告書，2007より）

る一方，実はすでにある程度まで公費によって担われているのだ。

　また，学校には巨額の公費が投じられることから，学校教育への入力（入口），過程，出力（出口）のいずれについても基準や標準が策定されるとともに認証，評価が行われている。

　例えば，「学校を設置しようとする者は，学校の種類に応じ，文部科学大臣の定める設備，編制その他に関する設置基準に従い，これを設置しなければならない」，「小学校においては，文部科学大臣の検定を経た教科用図書又は文部科学省が著作の名義を有する教科用図書を使用しなければならない」，そして「小学校は，文部科学大臣の定めるところにより当該小学校の教育活動その他の学校運営の状況について評価を行い，その結果に基づき学校運営の改善を図るため必要な措置を講ずることにより，その教育水準の向上に努めなければならない」（いずれも学校教育法）などと定められる。これらをもって，「小学校の設置者は，小学校の編制，施設，設備等がこの省令で定める設置基準より低下した状態にならないようにすることはもとより，これらの水準の向上を図ることに努めなければならない」（小学校設置基準，2002）と，各段階で事業の質を担保するように求められるのである。

　以上のような枠組みで捉えられる学校においては，次のような側面で教員が働くことがまず重要となる。

第2節　教員としての官僚組織における業務遂行

1　PDCAサイクルにもとづく学校と教員

　学校は1年間の予定を，学期や週あるいは日々に区切って活動を進めている。その大もとになるのが，各学校が定める学校教育目標である。

　「創造力・実践力に富み，人間性豊かな子供を育てる」（小学校），「知・徳・体の調和のとれた人間形成を図り，人権尊重の精神のもと，心豊かでたくましく生きる力をもった生徒を育成する」（中学校），「個人の尊厳を重んじ，正義と真理を愛する心豊かな人間の育成を期するとともに，我が国及び国際社会の

一員としての自覚に立ち，自主的，自立的，創造的能力に富んだ逞しい人間を育成する」（高校），「地域の教育・医療・福祉・労働機関と連携を図り，一人一人の発達や障害に応じた適切な指導及び必要な支援を行い，社会参加・自立する児童生徒の育成を学校目標とする」（特別支援学校）などといったように，それぞれの学校の目標を実現するために教職員が取り組むことが要請される。

したがって，憲法以下の法的基準のもとにつくられた学校教育目標を，各学年や学級あるいは教科で受け止めて，この目標の具体化を図り，その実現をめざさなければならない。また，目標やその具体化がすべて実現できないような場合もあるので，優先順位を設けて重点化することも必要となる。これら全体の目標を達成するためには，教職員それぞれが学校の一員として組織の目標を理解し，これを堅持して継続的に努力することが欠かせない。このためにも同僚ほか関係者の言動を「見て見ぬふり」することなく，客観的なルールに照らして遠慮なく互いに批判しあい，よりよい教育実践のために工夫を重ねることが大切である。

また，効果的に活動を進めていくためには，PDCA（Plan-Do-Check-Action）サイクルとも呼ばれる継続的な事業の改善を示す概念を理解し，実践することが求められる。次の図4.2はその概要を示しているが，学校におけるPDCAは，授業に例えればわかりやすいだろう。

まず，教師が授業をしようとするときに，事前の準備をしないで教室に向かうことは考えられない。その時間のねらいを定め，必要な用意をしてから臨むはずである。そこには教材理解や授業の進め方の想定，プリントなどメディアの用意だけでなく，クラスの子どもたちの状況や前の授業での様子，何よりも当該の単元に関わる児童・生徒たちの理解の状況が考慮されるだろう。この段階が，計画（Plan）となる。

つまり，計画とは何をするかについて予定を立てるだけでなく，何をするかを決めるための現状分析や判断が含まれる。例えば，前の授業時間，子どもたちが明らかに興味を示さなかったのに，単元の全体計画を立てた当初のままで授業を続けるのは妥当といえない。

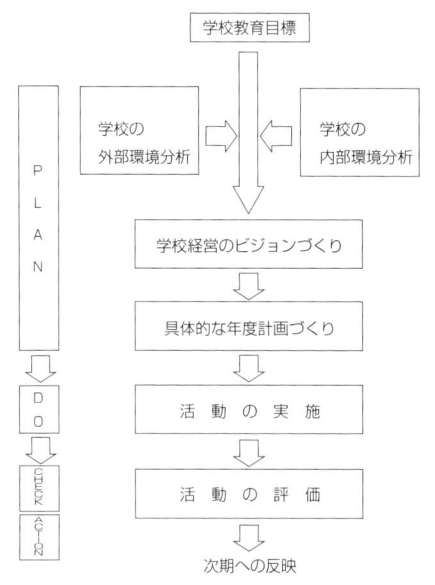

第4章　教師としての個業性と教員としての分業－協業性　69

```
                    ┌─────────────┐
                    │  学校教育目標  │
                    └──────┬──────┘
        ┌─────────┐   ↓   ┌─────────┐
        │  学校の   │ ⇒ ⇐ │  学校の   │
        │外部環境分析│       │内部環境分析│
        └─────────┘   ↓   └─────────┘
 P                ┌─────────────┐
 L                │学校経営のビジョンづくり│
 A                └──────┬──────┘
 N                       ↓
                  ┌─────────────┐
                  │具体的な年度計画づくり│
                  └──────┬──────┘
                         ↓
 D                ┌─────────────┐
 O                │  活 動 の 実 施  │
                  └──────┬──────┘
 C                       ↓
 H                ┌─────────────┐
 E                │  活 動 の 評 価  │
 C                └──────┬──────┘
 K                       ↓
 A                    次期への反映
 C
 T
 I
 O
 N
```

図4.2　学校における組織マネジメントのサイクル

出所：「学校におけるPDCA」文部科学省『学校組織マネジメント研修～これからの校長・教頭等のために～』2004

　次に教師は，教室にて授業を進めることになるが，その中味は基本的に計画に沿ったものでなければならない。計画は立てたものの，実際にやっていることがこれと無関係であれば，計画は「絵に描いた餅」にすぎなくなる。この段階が実施（Do）である。

　もっとも，計画に従って実施するつもりでも，予想外のことが起こりうる。例えば，前の時間に終えた内容だが，多くの生徒が実はよく理解していなかったことが判明した。計画段階ではこのことに気づくことができなかったのだ。このような場合は，計画に即して実施することに拘泥せず，修正を加えることも必要になる。そのための実施状況の点検や評価（Check）をする段階も重要である。そして，これらのプロセスの結果，再度取り組む（Action）という段階を経て，また次の計画に臨むように進んでいく。授業のPDCAは，おおよそこのように捉えられるだろう。

以上のような，学校としての目標設定とその具体化，あるいは目標を効果的に実現するためのサイクルの運用は，組織全体の業務をそれぞれのスタッフに分掌し，それらを集約することによって目標に近づくことができるという分業－協業的な発想に立っている。
　学校教育法に示される「校長は，校務をつかさどり，所属職員を監督する」とは，学校すべての業務が校務であることと校長に校務掌理の権限が与えられていることを述べるが，これは校長に掌理される業務をスタッフそれぞれに分掌し，それらを一つの掌に再び集めるという意味で理解することができるだろう。

2　学校と教員にとっての状況依存

　ところが，次のような例はどのように考えればよいのだろう。
　子どもとの関係で教師が一番に問われるのは，彼や彼女をどのように呼ぶかである。「～君」「～さん」あるいは名字や名前で呼び捨てをする場合もあるだろう。いずれであっても，学校単位でその呼び方が統一されている場合は，どちらかといえば限られるのではないだろうか。
　しかしながら，業務に関わって相手をどのように呼ぶかは，業務の標準化を図るうえで必須ともいうべき基本事項である。例えば，銀行やホテルで客の呼び方がスタッフによって違うということがあるだろうか。それは少し想像しにくい。相手の呼び方は相手と自分との関係を示しており，業務を恒常的に進めるうえで重要な条件となるから，組織全体として安定的に業務を遂行するためには，こうした最低限の標準化を図らなければならない。
　にもかかわらず，学校ではどのように子どもを呼ぶかは，事実上それぞれのスタッフに委ねられている。というのは，子どもと教師との関係は多様で，「この呼び方でいきましょう」と一種類の呼称に決めることは，必ずしも合理的ではないからだ。また，教職員の間で仮に統一したとしても，子どもたちがそれを受け入れなければ（「先生から呼び捨てされないと，信用されている気がしないから嫌だ」といったような），決めたこともとたんに頓挫する。

同じことは，授業についてもいえる。隣の教室で同じ単元を扱っているならば，どこまでこの時間に進むか，どれほどの宿題を出すのかなど，おおよそ同じでなければならない。しかし実際には，同じ教育内容であっても授業の進め方にはかなりの幅があり，教師の考え方や子どもたちの状況にも左右される。宿題のありようも決して一律ではないだろう。

これらの状況は何を意味するのだろうか。次節では，教師の働き方に関わるもう一つの側面について考えてみよう。

第3節　教師としての職人的な業務遂行

1　教師にとっての目標

たしかに，教員は組織の一員であり，それゆえに「員」とメンバーシップを意味する呼称が与えられている。それと同時に，教員は教師とも呼ばれ，必ずしも組織的な活動を前提にしているわけではない面も有している。

例えば，先に述べた学校教育目標は，どのように学校を方向づけているだろうか。その多くは漠然とした印象を免れず，文言を知っていても，では何をすればよいのかが導き出されるとはいいがたい。

最近，こんな話を中堅の女性教員から聞いた。彼女の務める中学校では，職員室に掲げられている学校教育目標の文言と，各教室に示されているそれとが違っているというのだ。数年前に学校教育目標を変えた際の混乱が今なお残っているのだろうとのことだが，彼女自身，大学院で筆者の授業に参加して初めてそのことに気づいたのであり，自分以外の職員はおそらくまだ知らないだろうというおまけ付きである。かくも，今の学校教育目標が大きな意味をもちえていない可能性が考えられる。

ならば，もっと明確なものを示すべきという話になるのだろうか。部分的には，そうしたことも可能だろう。数値目標や確認のできる指標を示し，のちに振り返る際の拠り所になるように記述を改めるのである。それでもなお，学校という組織は，目標を実現するためのPDCAを回していくことが基本的に難

しい特徴は認められるようだ。以下に示してみよう。
　学校にとって児童・生徒は不可欠の存在である。教職員だけで子どものいない学校は，学校の体裁を保てない。ならば子どもは，学校の教育目標以下，年間の計画やそこでの重点についてともに議論したり，職員会議への参加を通じて知っているだろうか。そんなことは通常ありえない。子どもにとって学校での教育は「やってくるもの」であって，自ら取り組むものではない。
　これに対して，例えば，ある会社が社員を募集，採用された社員がそこで何をすべきかについて知らない，またはやる気がないということは，まず考えられない。そうした場合には企業内研修が行われたり，遅刻や欠勤が続いた場合は，注意，減給や解雇すらありうる。つまり，組織にとって組織目標に沿わないメンバーをかかえることは，基本的には起こらないのだ。
　組織にとって必要なメンバーでありながら，彼らが組織の進むべき方向に協力的でない，少なくとも肯定的でないという事態は一般に想定されえない。ところが，学校あるいは病院や刑務所などは，この条件にかなわないメンバーから組織が構成されている。もっとも，病院ならば治そうという意志がないと「強制退院」がありうるし，刑務所などでは厳しい制約のもとで生活をするというように，不均衡な関係が構成員の間で前提とされ，それが組織の維持につながっている点を押さえなければならない。
　しかしながら，学校にはこうした不均衡な関係をつくり出す仕掛けに乏しい。義務教育であれば，「他の児童に傷害，心身の苦痛又は財産上の損失を与える行為」「職員に傷害又は心身の苦痛を与える行為」「施設又は設備を損壊する行為」「授業その他の教育活動の実施を妨げる行為」を理由に，出席停止を命じることができるものの，この学校教育法の規定が発動されることはきわめて稀である。つまり，児童・生徒を学校のめざす方向に沿ってくれる者と見なすという「賭け」に学校は出ざるをえない。このような状況のもとで，計画に沿って活動を展開しようとすることは，どれほど現実的だろうか。

2 学校における教師と仕事

　学校という組織がもつこの特徴は，教職員間の「一致団結」「一糸乱れぬ」取り組みをすべきという主張が，空想的なことも意味している。教師が授業を進めるとき，もちろん自分なりの計画や予定は携えているが，それが実際のものになるとはまず考えられない。なぜなら，生徒をひたすら静かに座らせて，教員がその場を仕切るような授業ならばともかく，そうした授業は実際にはありえないし，また望ましいとも思われていないからである。

　教師は子どもに問いかけ，彼らの考えや感想を引き出そうとする。それは教師の手中に収まるものとはかぎらず，だからこそ創造的な授業が可能という点で，よりよい授業でもある。そうした経験に裏づけられたものが，「授業はライブだ」という少なくない教師が口にする言葉なのだろう。

　よって，「指導案どおりに進んだ授業はよい授業か」という問いに，教師の半分はうなずき，半分は首をかしげるという不思議なことが起こる。教育的価値として，予定どおりに進むことが必ずしも望ましいとは考えられていないこと，これが組織として学校を動かすうえで大きなブレーキになる。目標に進もうとアクセルを踏みながら，これと同時に抑制しようともするのである。

　また，教育的関係をめぐる環境は短い時間で変化するので，子どもたちと教師との関わりをマネジメントするのは，その場にいる当事者が最も適切である。「最前線」にいる彼らこそ，まずは妥当な判断をすることができる。このため，業務を分割して「ここまではあなたが，そこからは彼が担当する」というような分業は，あまり実際的でない。

　この点で，業務が「狙ってできるものではない」ことは重要だ。学校における不安定な業務環境は，これまでの多くの業務論が前提にしていた「仕事が人のところに流れてくる」のと異なって，「人が仕事を追いかけていく（仕事に追われる）」のである。業務が静的で，予定された業務を職位や組織で分割できる官僚組織ではなく，次々と起こる事態に対応するように業務をこなしていくこと，これをあらかじめつもりすることはまったく容易ではない。この点で教師の業務遂行はまったく個業的といえる。

これは職人的とも形容できるだろう。職人的とは，仕事の対象の「頭のてっぺんから足の先まで」を自分の守備範囲と考えて，取り組むことである。例えば，教科が違うからといって，知・徳・体に関わる教育課題に大きな相違を見いだすことはできず，どの授業や指導の場面でも子どもの全体を問題にしがちだ。この教科は知育中心で，こちらの活動は徳育を主眼にといったことは言葉遊びにすぎない。新たなことを知るという知育を通じて，行動の規範が変わる点で徳育ともなり，身体を鍛えるという体育によって，健康や安全といったものの見方が影響を受けて知育ともなるというように，これらを明確には分割できないからである。

　つまり，学校での教育活動は，学級や授業において各教師に全面的に委ねられざるをえず，分業ー協業的なものとして理解することは難しい。以上をふまえれば，1960年代後半の「重層ー単層構造論争」や今なお議論される「なべぶた型かピラミッド型か」という学校組織の理解をめぐる議論のいずれもが，はじめから「ボタンの掛け違い」をしていることに気づけるだろう。

　これらは，学校の業務をどのように分割できるかをめぐるものだが，管理業務と渉外業務を除いた日常的な教育活動について，業務分割することがあまり合理的ではないことをふまえれば，どうしても学校が百貨店のテナント，あるいはショッピングモールのような性格を帯びがちなことも認めざるをえない。そもそも，学校のサイズは特別支援学校や大規模な高校を除けば，教職員数が1クラスの学級生徒数ほどに収まるのが圧倒的であり，その規模で業務を細分化することに伴うコストの妥当性も見いだしがたい。かくして，教師の業務は分業的であると同時に個業的とも説明されうるのである。

　2011年3月，東日本で未曾有の大震災が起こった。上記の文脈に照らして，そこで起こった出来事を二つ挙げることができるだろう。その一つは，被災のため工場が操業できず，納入されなかった部品があったために，自動車の製造ラインが，停止を余儀なくされたことである。自動車は2～3万点もの部品から構成されるというが，すべての部品が揃わない，それがたとえ一つだけであっても，パーツが欠ければ自動車は製造できない。これが究極の分業ー協業的

な業務遂行である。
　もう一つは，被災者支援のために各地ではじめられた支援物資の搬送や募金活動である。物資を集めて被災地に送る，募金箱を持って街頭に立つ，演奏会を開いて寄付を募る，これらはいずれも，あらかじめ大災害の起こることを予定して，年間計画に含めておくことはできないし，またボランティアに出かけるとなった段でも，あらゆるかたちが可能であり，基本スタイルが事前に決まっているわけでもない。個業的にそれぞれの状況認識と判断で取り組めばよいのであり，それが全体として被災地を応援することになる。
　教員と教師，職員と職人，学校におけるスタッフは，この二つの側面をいずれも色濃く帯びて，職務に取り組んでいるのである。

第4節　教員・教師としてのアイデンティティ

1　二重ループの学習

　これまでの議論は，教員あるいは教師として存在することを述べるものであった。つまり，教師は学校組織の一員として教員であるとともに，職人的でもあるという両義的性格を認めることができる。
　こうした不安的な立場に身をおく教師がどのように「自分らしさ」を保ち，平均でみればとても長い期間にわたって教職に就くことができるのだろうか。
　中央教育審議会答申でも指摘される，これからの「知識基盤社会」においては，「二重ループ学習」とも呼ばれる学習方法が重要と考えられる。これまでは，「正しいこと」を理解して，それを言動に結びつけるという学習モデルが前提とされていたのに対して，変化がいっそう激しい近未来においては，一度学んだことを絶対視せず，情報やそれを支える構造を常に更新していく，つまり学び直していく必要があり，学習の仕方について学習するというモデルが新たに立てられる。
　そこでは，かつて学んだことを忘れる（学習棄却），学んだことを監視して相対化する（モニターやリフレクション），あるいは学んだことをいかなる学びかを

問う(メタ認知)などが大切となる。ちなみに、この点で生涯学習社会論とは、第一線から引退したあとの趣味の話ではない。知識や技術とそれらを布置する認識の構図を生涯にわたって学ぶとともに、常に忘れては新たなものを獲得しなければならないという状況についての議論をさすのである。

　かたや教師は、これまで文字どおり「教える」ことを仕事にしてきた。その際に求められるのは、教える内容が子どもにとって必要不可欠であり、かつ長く活用できるという前提である。そこで培われる心性は、「間違ったことを教えてはいけない」「教えることをすべて自分が把握しておかなければならない」というものだっただろう。

　だからこそ、教師は教育課題についてしばしば、「人間として大切なのは…」や「真の学力とは…」といった普遍性を前提にした物言いをする。しかしながら、変化の激しい社会において、その内実はうつろいやすいものになっていかざるをえない。この意味で、教師は「教師らしくあること」の危うさ、つまり教師としてのアイデンティティの危機にまま直面する。つまり、教師はなにゆえに教師なのかをいっそう問われるのだ。

2　教員研修のこれから

　教師が教師であることを、教員免許状の所持や高等教育への就学経験でしか説明できず、業務内容の優秀さが証左となりえない時代にあって、教員研修のあり方をどのように考えるかは重要なテーマとなる。

　例えば、文部科学省の研修テキストにも収められる「あなたの授業観は？」は、およそ20年前に教員の業務遂行における個業性と協業性の関係を明らかにするために行った質問紙調査が元となっている。今日でも活用可能なフォーマットは、かくも教師の仕事が教員と教師という二つの顔をもっていることを示すものだが、こうした仕掛けを通じて教員としてのあり方を見つめる機会は今後いっそう大切になると思われる。

　長く働くことが多い教職だからこその特性をふまえて振り返りを促すこと、そしてアイデンティティを繰り返し再構築することは、職業生活上の必須の課

表 4.2 あなたの授業観は？

1　あなたは，授業をいかに捉え，いかに授業を行ってきましたか？
(1)　以下の表にある①から③の各領域の教授行動や授業のあり方について，A，B，C，X，Y，Zの各記号のうち，あなたのお考えや実際の行動に近いものに○をしてください。
　　・あなたは，それぞれの項目についてどの程度重視すべきだと考えてきましたか？
　　　　　尺度　A　重視すべき　　　　B　どちらでもない　　　C　特段重視せず
　　・あなたは，現在，どの項目を実行していますか？
　　　　　尺度　X　おおいに実行している　Y　どちらでもない　　Z　あまり実行せず

①	授業準備	重視			実行		
1.	自分のつくったプリントを配る	A	B	C	X	Y	Z
2.	市販の副教材を使う	A	B	C	X	Y	Z
3.	問題解決型の授業を意識する	A	B	C	X	Y	Z
4.	上級学校の入試を意識する	A	B	C	X	Y	Z
5.	単元間の関係を踏まえる	A	B	C	X	Y	Z
6.	他教科の内容との関連を意識する	A	B	C	X	Y	Z
7.	自分なりの教材解釈を行う	A	B	C	X	Y	Z
8.	どの子も同じ内容で教える	A	B	C	X	Y	Z
9.	どの子も同じ方法で教える	A	B	C	X	Y	Z
10.	何かの本や話の受け売りで授業する	A	B	C	X	Y	Z
	合　計　数						

②	授業実施	重視			実行		
1.	板書する量が多い	A	B	C	X	Y	Z
2.	子どもたちが既に知っている知識の確認のために発問する	A	B	C	X	Y	Z
3.	授業のチャイムが鳴り終わるまでに教室に着く	A	B	C	X	Y	Z
4.	授業方法やスタイルは自分なりに工夫する	A	B	C	X	Y	Z
5.	子どもをほめる	A	B	C	X	Y	Z
6.	子どもがざわついたときには叱る	A	B	C	X	Y	Z
7.	テスト前には出題内容を意識して授業する	A	B	C	X	Y	Z
8.	子どもが嫌がっても大事だからとがまんさせる	A	B	C	X	Y	Z
9.	授業の手を抜かない	A	B	C	X	Y	Z
10.	子どもの学習進度に応じて個別に指導する	A	B	C	X	Y	Z
	合　計　数						

③ 授業の反省や成果	重 視			実 行		
1. 授業のやり方を，年々，向上させる	A	B	C	X	Y	Z
2. 自分の授業の進め方について振り返りながら，反省点を検討する	A	B	C	X	Y	Z
3. どの子も同じ水準まで学習させる	A	B	C	X	Y	Z
4. 受験に役立つ授業かどうかを意識する	A	B	C	X	Y	Z
5. 授業記録を取る	A	B	C	X	Y	Z
6. 他の先生に自分の授業を観てもらう	A	B	C	X	Y	Z
7. 子どもに授業の感想や要望を求める	A	B	C	X	Y	Z
8. 授業終了時や単元終了時には確認テストをする	A	B	C	X	Y	Z
9. 自作の教材や指導案を整理している	A	B	C	X	Y	Z
10. 子ども一人一人の学習状況を記録し，整理している	A	B	C	X	Y	Z
合　計　数						

出所：文部科学省『学校組織マネジメント研修～すべての教職員のために～』2005

題である。こうした方向で教員研修のあり方を構想し，多様なかたちを提案していくことも教員へのサポートとしてより問われるだろう。

　「真・善・美」を教えるといった，旧来の教師の役割理解を強調するだけでは，今日のアイデンティティの危機を乗り越えることはできない。教育と学習を取り巻く環境が，教育－学習モデルの転換という大きな規模で起こっていることを知り，このなかで自分はどんな点で teacher なのか，あるいは facilitator や coach などの役割をどう考えるか，新たな立ち位置をめぐる彷徨を余儀なくされるのである。

　ここで，市井でまま聞こえる「先生らしくない先生がいい」といういい方は一つのヒントになるかもしれない。ほかの職業についてはまずいわれることのない，この逆説的な表現は，教師や教員として生き抜くために悩み，そして考える，すなわち教師自身が生涯にわたって問いつづけ，学びつづけるための気力や体力が大切なことを示唆しているだろう。　　　　　【榊原　禎宏】

引用・参照文献

安藤知子（2005）『教師の葛藤対処様式に関する研究』多賀出版

木岡一明編（2007）『ステップ・アップ学校組織マネジメント－学校・教職員がもっと元気になる開発プログラム』第一法規

木岡一明・榊原禎宏（1990）「教師の授業認識に基づく授業経営の個業性と協業性－小学校における学年会の位置づけを中心に」『日本教育経営学会紀要』第 32 号

榊原禎宏（2008）「学校組織構造のメタファー」『京都教育大学紀要』第 113 号

佐古秀一（2005）「『学級崩壊』に対する小学校の組織的対応に関する事例研究(1)－学校組織における個業性維持の実態とその要因に関する考察－」『鳴門教育大学研究紀要』第 20 巻

古村亜紀（2010）「学校給食の提供方式の違いと給食費－食育を促す給食のあり方－」京都教育大学教育学専攻卒業論文

ドナルド・ショーン，佐藤学・秋田喜代美訳（2001）『専門家の知恵－反省的実践家は行為しながら考える』ゆみる出版

第5章　評価される教師

第1節　教師が「評価する」から「評価される」へ

1　通知表が悪いのは誰のせいか

　終業式，教室では子どもに通知表が配られる。教師から一人ずつ手渡されると，子どもは自分の席に戻り，恐る恐るのぞき込む。やった，思ったより良かった。ふと横を見ると，隣の子はあまり振るわなかったようだ。ちょっと顔が曇っている。明日からは待ちに待った夏休みなのに，お母さんにちょっと怒られてからのスタートかな。

　日ごろの授業やテストは，多くの子どもにとってすでにストレッサーだが，通知表や成績表としてまとめて見せられることは，それ以上のものとなる。なぜならそれは，児童や生徒の日頃の努力とその結果と見なされ，良きにつけ悪しきにつけ，彼らの自信や自尊感情に大きな影響を及ぼすからだ。

　このようなエピソードが多くの世代に共通するように，実に長い間，児童・生徒は教師から評価され続けてきた。そこでは，教師つまり「教える人」が，子どもつまり「教えられる人」を観察し，評価することは当然という理解が前提にされている。教師はちゃんと教えているのだから，それをしっかりと習得できたかどうかは，子どもの側の問題だということだ。

　ただし，この論理が成り立つためには，二つの条件が必要になる。その一つは，教えたことを受け取るのは子どもの責任だということ，もう一つは，教師は「ちゃんと教えている」ということだ。この二つは久しく前提のようにされてきたが，近年の学校批判とくに教師批判は，従来の関係をほぼ逆転させていると見なせる。

すなわち，教えられたことを受け取るのは，子どもの問題ではなく，教える側，教師の責任である。つまり，児童・生徒が受け取れるように教えるべきという「顧客志向」が強まっている。また，そもそも教師はちゃんと教えているのかという点で，少なからず疑義が生じている。十分な準備をしないで教室に向かう教師はいないか，「子どもにはわからないことだから」と煙に巻くような話をしてはいないか，自分の言うことを聞かなかったからと感情にまかせて暴言を吐いたり，「体罰」をふるっているのではないか，と。

さらには，「指導力等不足」教員や，「わいせつ問題」など教師の社会的逸脱の問題が広く指摘され，国家資格としては他に例を見ない教員免許の更新制が導入されるなど，教師の威厳や社会的地位に関する世評とそれに対応する動向から，今日，学校や教師に対する社会的な眼差しは，大きく変わったといえるだろう。

2　公共的事業としての教師の職務

上のような出来事，それぞれの学校や教師のありように直接に関わるものとすれば，間接的に学校や教師が問われる動向もふまえなければならない。その一つは，G8諸国のなかで飛び抜けて高いとされるGDPに対する公的債務残高の高さに象徴されるように，日本の中央政府と多くの地方政府の財政は逼迫しており，増税議論も絶えない現在，公教育費なかでも学校教育費が，大きな負担となっていることである。

公的財源をもって非営利事業を担い，しかも「一条校」としてほぼ独占的に行っている点で，学校はすぐれて公共的な事業だが，財政規模の大きさからもその性格が強い。学校教職員の給与の多くを負担する都道府県の予算について見れば，教育委員会が所管する予算は，いずれの県でも全体の約2割に達し，目的別歳出予算で見れば，最上位または第2位という高位を占める。また，国・都道府県・市町村の各政府が負担する学校教育費を合わせれば，毎年およそ13兆円に達する財政規模である。児童・生徒一人あたりに投入される毎年の公費は，小学生で約90万円，中学生で約100万円に上る。こうした数値の国

際比較も行われる現在，学校は正当性をいっそう問われるのである。

ちなみに，学校教育費のおおむね8～9割は人件費であり，財政上の硬直性がきわめて強い。また，「燃え尽き」や「精神的疾患による休職」の増加が喧伝される一方，公務員全般の傾向でもあろうが，教員の中途離職率は他の業種と比べて決して高いといえない。一度，入職すれば長く勤めるのが多くの教員であることから，若手に偏った構成に変えるといった人件費の抑制策は取りにくい。公教育費の削減は，まったく容易でないのだ。

実際，2010年度の文部科学省「学校教員統計調査」（2012年3月確定値報告）によると，50歳以上の教員の占める割合は，小学校で38.1％，中学校で33.4％，高校で37.0％と，いずれも年々上昇している。学校教育費を大きく変更することは難しい。

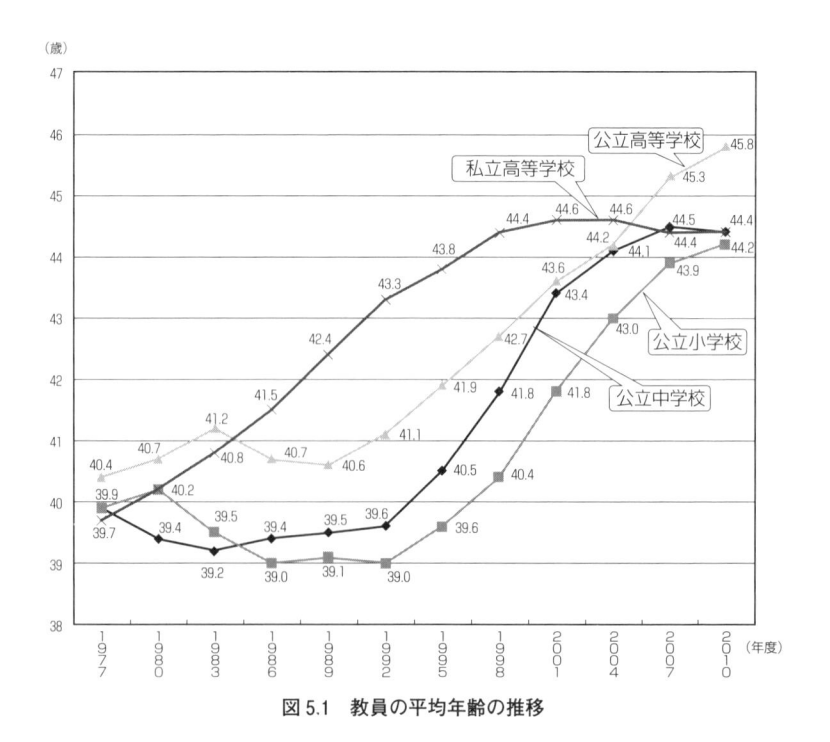

図5.1　教員の平均年齢の推移

これら，費用の大きさ，そして経常費の占める比率の高さから，「学校はどんな結果を出しているのか」について注目が集まり，学校教育の中心となる授業を担う教師が「値踏み」されているともいえるだろう。

3　学校教育をめぐる権力と緊張関係の転換―「ネット革命」

　21世紀に入って顕著なのは，電子機器が日常生活に広く一般化し，パーソナルコンピュータや携帯電話のほか，数多くのモバイル機器がきわめて身近になったことである。距離やタイミングを気にせず，どこでも誰とでも連絡を取り，情報と意見を交換し，幅広く情報に接近して編集，あまねく発信することは，多くの人にとって非常に簡便でかつ安価な，ごく当たり前のものになっている。

　すなわち，情報の偏在や格差を前提に成立する学校を覆っていた，「何となくのすごさや怖さ」というベールがはぎ取られ，学校が「等身大」で姿を現すようになったこと，それどころか，風評によっては反対に低い評価すらなされかねない事態にいたっている。昔ならば，校門をくぐった子どもがどのように一日を過ごしているのかはブラックボックスであり，いきおい教職員や学校のいいようを信じるしかなかった。

　ところが，小学生ですらケータイを持つ現在，担任教員に関するうわさ話は「水面下」のメールで瞬時に広がり，こうしたツールが学校選択に強く影響を与えていることも明らかになっている。さらには，「学校裏サイト」が，教員の知らぬうちに学校の雰囲気を形成することすらありうる。学校はもはや，児童・生徒や保護者に対する主導権を所与のものとはできない。加えて，学校自ら，「学校だより」をホームページに載せたり，学校評価結果を公表したり，さらには学区地域にすら自ら配布する昨今，これまで見えなかったゆえの学校の「聖性」は，すっかり色あせてしまったとすら見なせるだろう。

　ちなみに，原理的に述べるならば，学校に関する情報は送り手と受け手が非対称であってこそ，学校通過という「消費」が可能になる。「こういう教育を受けられるから，この学校に」と，学校の情報を生徒やその保護者が判断して

学校を選んでいる訳では必ずしもない。「よくわからないが，何となく」学校に通うのが大半であり，それゆえに，肯定的・否定的いずれであっても，学校の「ブランド・イメージ」がともなうのである。学校の「本当の姿」を知ることはとても難しい。児童・生徒と教職員それぞれが学校で過ごした場と時間の意味は各々に生成，付与されるため，関係者の主観的な見方が客観的な状況よりも優位する。学校は，記録よりも記憶が意味をもつ世界だからだ。

このため，情報化社会の現在，選ばれたい学校としては，これまでの「見せない」戦術ではなく，進んで「見せる」戦略へと転換することで対応しようとする。実像から「水増し」されたイメージをつくり出すべく，つまり，できるだけ梃子（レバレッジ）を利かせるべく，校門を立派にしたり，大学合格者数をできるだけ数え上げたりする。あるいは，電車につり革広告を出したり，明るく楽しそうな学校生活の写真満載の案内パンフレットを無料で送ったりするのも，その現れである。

これらを背景にして，今日の学校そして教師は，評価するかつての立場から，評価される立場へと大きく立ち位置を変えており，何のために，何を，誰から，いかに評価されることがより妥当かについて，議論が成り立つ段階にいたっている。では以下，教師の評価がどのような変数と関わって論じられているかを確かめながら，教員評価のこれからを考えてみよう。

第2節　教員評価制度を検討する

先に述べたような環境変化のなか，教師も評価されるべきという基調が生まれ，ほぼすべての都道府県・政令指定都市教育委員会において，教員評価が制度化されている。

以下の表5.1と5.2は，文部科学省による「教員評価システムの取組状況（2010年4月1日現在）」の一部を示しており，実施している同教育委員会の3分の2は，教員評価を地方公務員法に定める勤務評定として行っていること，また，それは大きく能力と業績に分けられていることなどがわかる。

第5章 評価される教師　85

表5.1　教員評価システムの取組状況（その1）　　（2010年4月1日現在）

都道府県市		1. 実施状況		2. 勤務評定としての位置付け		3. 実施方法			
		ア すべての教育職員,すべての学校で実施	イ 一部の教育職員,一部の学校で実施	ア 地公法に定める勤務評定として実施	イ 地公法に定める勤務評定とは別途実施	能力評価	業績評価	その他の評価	備考（その他の評価）
1	北海道	○		○		○	○		
2	青森県	○		○		○	○	○	意欲の評価
3	岩手県	○		○					
4	宮城県	○		○		○	○	○	昇給に係る勤務状況報告書
5	秋田県	○		○				○	自己目標設定による管理手法と5段階絶対評価システムを併せた総合評価システム
6	山形県	○			○		○		
7	福島県	○			○	○	○		
8	茨城県	○			○	○	○		
9	栃木県	○		○					
10	群馬県	○				○	△		
11	埼玉県	○		○				○	業績と行動プロセス（能力と意欲）を総合的に評価
12	千葉県	○			○	○	○		
13	東京都	○		○				○	能力評価,業績評価などを基にした総合評価
14	神奈川県	○		○		○	○	○	意欲の評価
15	新潟県	○				○	○	○	意欲の評価
16	富山県	○			○	△	△	○	意欲の評価
17	石川県	○		○				○	意欲の評価
18	福井県	○						○	意欲の評価
19	山梨県	○						○	意欲の評価
20	長野県	○			○				
21	岐阜県	○		○			○		
22	静岡県	○		○				○	意欲の評価
23	愛知県	○			○			○	職務の状況評価
24	三重県	○			○				
25	滋賀県	○			○			○	意欲の評価
26	京都府	○			○			○	意欲の評価
27	大阪府	○		○		○		○	業績評価,能力評価に基づく総合評価
28	兵庫県	○		○		△	△		
29	奈良県	○		○				○	意欲の評価
30	和歌山県	○			○				
31	鳥取県	○		○				○	意欲の評価
32	島根県	○							
33	岡山県	○							
34	広島県	○		○		○	△	△	勤務実績を給与へ反映させるため,勤務評定に準じて,勤務成績の証明（管理職）

No.	自治体名	1	2	3	4	5	6	7	備考
35	山口県	○		○		○	○	○	意欲の評価
36	徳島県	○			○	△	△		
37	香川県	○		○		○	△		
38	愛媛県		○		○			○	能力評価と業績評価を一体とした総合評価
39	高知県	○		○		○	○	○	意欲や態度の評価
40	福岡県	○		○		○	○		
41	佐賀県	○			○	○			
42	長崎県	○		○		○			
43	熊本県	○		○		○			
44	大分県	○		○		○			
45	宮崎県	○		○		○			
46	鹿児島県	○		○		○			
47	沖縄県	○		○					
48	札幌市	○		○		○	○		
49	仙台市	○		○		○	○	○	意欲の評価
50	さいたま市	○		○				○	業績と行動プロセス（能力と意欲）を総合的に評価
51	千葉市	○			○			○	「目標による管理」の手法を活用した教員評価システム
52	川崎市	○		○		○	○		意欲の評価
53	横浜市	○		○		○	○		
54	相模原市	○		○		○	○		意欲の評価
55	新潟市	○			○	○			意欲の評価
56	静岡市	○			○	○			
57	浜松市	○		○		○			
58	名古屋市	○				○	○		意欲の評価
59	京都市	○				○	○		意欲の評価
60	大阪市	○		○		○	○	○	業績評価，能力評価に基づく総合評価
61	堺市	○		○		○	○	○	業績評価，能力評価に基づく総合評価
62	神戸市	○		○		△	△		
63	岡山市	○		○		○	○		
64	広島市	○		○		○	△	△	勤務実績を給与へ反映させるため，勤務評定に準じて，勤務成績の証明（管理職）
65	北九州市	○		○		○	○		
66	福岡市	○		○		○			
	合計	65	1	44	22	56	60	33	

(注1) 勤務評定としての位置付けとは，地方公務員法第40条に基づき実施される勤務成績の評定であることを示す。

(注2) 「3．実施方法」欄にある「能力評価」とは，期待し，求められる職務遂行能力について，どの程度発揮できたかを能力基準に照らして評価することを示し，「業績評価」とは，あらかじめ設定した業務目標をどれだけ達成したかを評価することを示す。

(注3) 「3．実施方法」欄において，評価者による評価は実施せず自己評価のみ実施している場合や，一部の職員にのみ実施している場合は「△」を示している。

表5.2 教員評価システムの取組状況（その2） （2010年4月1日現在）

都道府県市		評価	4. 評価方法							
			(1) 評価方法			(2) 教諭の評価者				
						一次評価者			二次評価者	
			ア 絶対評価	イ 相対評価	ウ 絶対評価及び相対評価を併用	ア 校長	イ 副校長・教頭	ウ その他	ア 校長	イ その他
1	北海道	[能力評価]	○				○		○	
		[業績評価]	○				○		○	
2	青森県	[能力評価]	○				○		○	
		[業績評価]	○				○		○	
		[その他の評価]	○				○		○	
3	岩手県	[業績評価]			○		○		○	
4	宮城県	[能力評価]	○				○		○	
		[業績評価]	○				○		○	
		[その他の評価]			○		○		○	
5	秋田県	[その他の評価]	○				○		○	
6	山形県	[業績評価]					○		○	
7	福島県	[能力評価]	○				○		○	
		[業績評価]	○				○		○	
8	茨城県	[能力評価]	○				○		○	
		[業績評価]	○				○		○	
9	栃木県	[能力評価]	○				○		○	
		[業績評価]	○				○		○	
10	群馬県	[能力評価]	○				○			
		[業績評価]	○							自己評価
11	埼玉県	[その他の評価]					○		○	
12	千葉県	[能力評価]	○				○		○	
		[業績評価]	○				○		○	
13	東京都	[その他の評価]		○		○				教育委員会委員長
14	神奈川県	[能力評価]	○				○		○	
		[業績評価]	○				○		○	
		[その他の評価]	○				○		○	
15	新潟県	[能力評価]	○				○		○	
		[業績評価]	○				○		○	
		[その他の評価]	○					○	○	
16	富山県	[能力評価]	○				○		○	
		[業績評価]	○							自己評価
		[その他の評価]	○				○		○	
17	石川県	[能力評価]	○			○			○	
		[業績評価]	○			○			○	
		[その他の評価]	○			○			○	
18	福井県	[能力評価]	○				○		○	
		[業績評価]	○				○		○	
		[その他の評価]	○				○		○	
19	山梨県	[能力評価]	○				○		○	
		[業績評価]	○				○		○	
		[その他の評価]	○				○		○	
20	長野県	[能力評価]				○				
		[業績評価]	○			○				

No.	県名	評価種別								
21	岐阜県	[能力評価]	○				○		○	
		[業績評価]	○				○		○	
22	静岡県	[能力評価]	○				○		○	
		[業績評価]	○				○		○	
		[その他の評価]	○				○		○	
23	愛知県	[能力評価]	○			○(小・中)	○(高・特)	(特)部主事	○(高・特)	
		[業績評価]	○							
		[その他の評価]	○			○(小・中)	○(高・特)		○(高・特)	
24	三重県	[能力評価]	○				○		○	
		[業績評価]	○				○		○	
25	滋賀県	[能力評価]	○				○		○	
		[業績評価]	○				○		○	
		[その他の評価]	○				○		○	
26	京都府	[能力評価]	○				○	(特)総括主事(部主事)	○	
		[業績評価]	○				○		○	
		[その他の評価]	○				○		○	
27	大阪府	[能力評価]	○			○(小・中)	○(高・特)		○(高・特)	
		[業績評価]	○			○(小・中)	○(高・特)		○(高・特)	
		[その他の評価]				○(小・中)	○(高・特)		○(高・特)	
28	兵庫県	[能力評価]	○ 校長以外の教職員				○		○	
		[業績評価]	○ 校長							
29	奈良県	[能力評価]	○				○		○	
		[業績評価]	○				○		○	
		[その他の評価]	○				○		○	
30	和歌山県	[能力評価]	○				○		○	
		[業績評価]	○					自己評価		
31	鳥取県	[能力評価]	○				○		○	
		[業績評価]	○				○		○	
		[その他の評価]	○				○		○	
32	島根県	[能力評価]	○				○		○	
		[業績評価]	○				○		○	
33	岡山県	[能力評価]	○				○		○	
		[業績評価]	○				○		○	
34	広島県	[能力評価]	○		○		○			
		[業績評価]	○					自己評価		
		[その他の評価]				○ 管理職員				
35	山口県	[能力評価]	○				○		○	
		[業績評価]	○				○		○	
		[その他の評価]	○				○		○	
36	徳島県	[能力評価]	○				○		○	
		[業績評価]	○				○		○	
37	香川県	[能力評価]	○				○		○	
		[業績評価]	○				○		○	
38	愛媛県	[その他の評価]				○	○		○	

第5章　評価される教師　89

No.	都道府県・市	評価区分	C1	C2	C3	C4	C5	C6	備考
39	高知県	[能力評価]	○				○	○	
		[業績評価]	○				○	○	
		[その他の評価]	○				○	○	
40	福岡県	[能力評価]	○				○	○	
		[業績評価]	○				○	○	
41	佐賀県	[業績評価]	○				○	○	
42	長崎県	[能力評価]	○				○	○	
		[業績評価]	○				○	○	
43	熊本県	[能力評価]	○				○	○	
		[業績評価]	○			○			
44	大分県	[能力評価]		○		○			所管教育委員会の担当課長
		[業績評価]	○			○			
45	宮崎県	[能力評価]	○				○	○	
		[業績評価]	○				○	○	
46	鹿児島県	[能力評価]			○		○		
		[業績評価]	○						
47	沖縄県	[業績評価]	○						
48	札幌市	[能力評価]	○				○	○	
		[業績評価]	○				○	○	
49	仙台市	[能力評価]	○				○	○	
		[業績評価]	○				○	○	
		[その他の評価]	○				○	○	
50	さいたま市	[その他の評価]					○		
51	千葉市	[その他の評価]	○					自己評価	
52	川崎市	[能力評価]	○				○	○	
		[業績評価]	○				○	○	
		[その他の評価]	○				○	○	
53	横浜市	[能力評価]	他教職員	管理職員(高)			○	○	
		[業績評価]	○				○	○	
54	相模原市	[能力評価]	○				○	○	
		[業績評価]	○				○	○	
		[その他の評価]	○				○	○	
55	新潟市	[能力評価]	○				○	○	
		[業績評価]	○				○	○	
		[その他の評価]	○				○	○	
56	静岡市	[能力評価]	○			○			
		[業績評価]	○					自己評価	
57	浜松市	[能力評価]	○				○	○	
		[業績評価]	○				○	○	
58	名古屋市	[能力評価]	○			○			
		[業績評価]	○			○			
		[その他の評価]	○			○			
59	京都市	[能力評価]	○				○	○	
		[業績評価]	○				○	○	
		[その他の評価]	○				○	○	

60	大阪市	［能力評価］	○			○(小・中)	○(高・特)		○(高・特)	
		［業績評価］	○			○(小・中)	○(高・特)		○(高・特)	
		［その他の評価］	○			○(小・中)	○(高・特)		○(高・特)	
61	堺市	［能力評価］	○			○(小・中)	○(高・特)		○(高・特)	
		［業績評価］	○			○(小・中)	○(高・特)		○(高・特)	
		［その他の評価］	○			○(小・中)	○(高・特)		○(高・特)	
62	神戸市	［能力評価］	○ 校長以外の教職員				○		○	
		［業績評価］	○ 校長							
63	岡山市	［能力評価］	○				○		○	
		［業績評価］	○				○		○	
64	広島市	［能力評価］	○		○					
		［業績評価］	○					自己評価		
		［その他の評価］			○ 県費負担管理職員					
65	北九州市	［能力評価］	○				○		○	
		［業績評価］	○				○		○	
66	福岡市	［能力評価］			○		○		○	
		［業績評価］			○		○		○	
	合計		能力(51) 業績(58) その他(28)	能力(2)	能力(4) その他(5)	能力(8) 業績(2) その他(6)	能力(51) 業績(7) その他(27)	能力(3) その他(4)	能力(51) 業績(8) その他(27)	能力(1) その他(1)

（注）該当表示「○」の下の表記は，当該職種及び校種を対象としていることを示す。なお，校種の場合，「小」は小学校，「中」は中学校，「高」は高等学校，「特」は特別支援学校を示す。

　こうした教員評価制度は，次の二つの点で問うことができるだろう。

　一つ目は，「成績が良くなかったのは，子どもの努力不足」とあまりいわない昨今の風潮の反動ともいうべきか，教員評価においては，「子どもの良い出来映えは，教師のがんばりのおかげ」と，子どもの状況を教師のありように大きく帰属させる発想にもとづいているが，これは現実をどれほど説明するものだろうか。

　そして二つ目には，人事評価としての教員評価であることから，それは人事異動の基本単位，年度のサイクルに従うが，それはどんな意味をもっているだろうか。これら「システム」として教員評価を行うことの効用と限界を，どの

ように考えればよいだろうか。

1 教員評価では何が評価されているか

　学校における教育と学習との関わりは，少なくとも三つのつながり方を想定できる。それは，「教えたから学ぶ」「教えたけれど学ぶ」「教えたことと関わりなく学ぶ」である。つまり，教師が教えたからこそ児童・生徒が学ぶこともあれば，そうでないことも，あるいは両者が無関係の場合もあることを，思い返すべきだろう。

　例えば，卒業式が終わって駆け寄ってきた生徒が「先生のあの一言に励まされました」と述べたとしても，「そんなこと，いつ言ったかなあ」というのが多くの教師の経験だろう。このように，知らず知らずのうちに発した言葉がインパクトをもつこともあれば，「何回言ったらわかるんだ」という指導が，さっぱり功を奏しないことも日常茶飯である。

　つまり，児童・生徒の「成長」や「発達」は，教師の業務遂行のあり方から直接的に規定されるとはいえない。また，学校とは別に「家庭の教育力」が影響する，あるいは学習塾や習い事の効果が子どもに現れる場合もある。さらに，「反面教師」ともいわれるように，教師が「悪いお手本」になることも考えられるだろう。後者の場合，「あんな大人にはならない」と子どもに強く思わせることがあったとすれば，まったく残念なことではあるものの，一つの「教育効果」である。

　したがって，教師の力量を能力や業績といった言葉で区分しようとも，教育効果に関わる変数を統制したうえでそれらを捉えることができないために，何が効果をもたらしているのか，あるいは何が阻害要因なのか，を見つけることは事実上できない。それは「何となくそう思う」という経験則を超えるものではないのだ。

　さらに，児童・生徒に影響を及ぼす変数の一つとされている教師の力量を測定することは，そもそも無理なことである。なぜなら，教育－学習活動は関係性に色濃く覆われており，自己言及的性格を強くもつからだ。つまり，生徒が

やる気を見せたから教師ががんばろうと思ったのか，教師の何気ない一言が生徒の意欲を削いだのか，両者の相性ともいうべきものは，「鶏が先か，卵が先か」の喩えを超えない。

　加えて，両者はめぐっているので，教師が教育実践というものは実は生徒が起こした行動への対処にとどまるものであったり，生徒の自発的行動と評価しても，実は教師にやらされていただけといったように，作動の起点を定められないため，自立的あるいは自律的な教師の力量は明らかにならない。「生徒たちに自主的に運動会に取り組ませる」という語法のパラドックスが指摘されるように，生徒がそのように取り組んだのは教師の力量ゆえなのか，それとも彼らの自らの努力のおかげなのか，これらを区別できないのだ。

　そのうえでなお，経験豊かな教師ならば，ある教師をそれなりに評価できるという主張も成り立つだろう。ベテラン教師が醸し出す，緊張と弛緩のバランスの取れた，楽しげな雰囲気が漂う場づくりの力量は，確かに認められる。ただしそれは，教師や生徒のたった一言，あるいは時に教室に一羽の蝶が舞い込んだだけで，がらっと変わりうる瞬間的な，危うげで儚いものでもある。およそ，第三者が授業を観察するのに足る時間の長さまで継続するものではない。

　たとえば，サーカスの綱渡りのようなものが授業や生徒指導であり，「時の運」「たまたまの巡り合わせ」とすらいえなくもないほどに不安定である。だからこそ，教育実践とは「賭ける」ものであり，「失敗」を覚悟のうえの挑戦なのである。

　これは客観的に語りがたい，長年の経験から得られた「カンやコツ」を働かせることで生まれるものでもある。言葉にはならないけれど，わかるという暗黙知（tacit knowing）なのだ。言語的に他者に説明することが難しく，「わかる人にはわかる」といった域を出ないものは，残念ながら教員評価制度に求められている客観性や透明性を担保しえない。

　したがって，教員の評価は，せいぜい彼らがどのような職務をいかに果たしたかという入力段階で捉えられるにとどまる。その入力がどのような過程を経て，出力段階にいたったかをつかまえるのは，ほぼ不可能といってよい。

この点で，教師の業績評価は，見た目の「派手さ」に依りがちと予想できる。例えば，各地で実施されている，優秀教職員の表彰事業がどのような基準や手続きで行われているのかを明らかにすることは，一つの研究課題になるだろう。

2　よい先生だったかどうかは，いつわかることか

　教員評価の難しさの一つは，それをいつ判じるかである。最近経験した例では，小学生のときにとても嫌な思いをした学級担任について，大学での教職専門の授業に参加するなかで，「ひょっとしたら，いい先生だったのかも」と見方を変えていった学生がいた。彼女のなかで，その教師への評価が反転したのである。同様に，逆のこともあるだろう。「あのときはよい先生だと思っていたけれど，いま思えば…」と。

　改めて振り返れば，教師の働きかけは，「わかった」「できた」といった知識や理解の面とともに，「楽しかった」「辛かった」という情動や気分に関わる面をもっている。このため，例えば「英語が好き」なのは英語の内容が好きなのか，あるいは英語教師が好きだからなのか，それともいずれもなのかに分かれるのである。これは，教育という行為から教師の人格的側面を分離できないことの証左である。教育活動を理解するうえで，業務遂行上の個別性や個業性は，繰り返し確かめられるべきだろう。

　よって，教員像が一般化されうるかのような昨今の「スタンダード」論は，「だいたいこのくらい」という曖昧さが前提にされるならばともかくも，教員の優秀さを特定しようとしたり，さらには「いずれの教員がより優れているか」といった研究を指向することは，非生産的である。学校教育の効果は，受け手である児童・生徒の変容によって確かめられるのであり，生じる事実を教員のあり方だけで説明できる余地は，かなり限られるからだ。

　また，教師と子ども以外の条件に目配りをすることも大切だろう。「教室にいる子どもは何人なのか，またその男女比は」「彼らはどんな机の配置や席順で座っているのか」「暑い夏だが，空調はどうか」「今日は月曜日でないか」「いまの授業は午後一番，あるいは体育の直後ではないか」など，広く教育条件と

いわれる事項から，教育―学習関係が規定されることも忘れてはならない。

　加えて，児童・生徒の学びや意欲につながってこそ教員評価の意味があるとするならば，教員評価は，認知的なことがらよりも，感情的な点により即して行われるのが合理的といえる。学級や授業において，教員と児童・生徒という当事者が捉えたものや感じたものが評価の材料なのだ。なぜなら，彼らへの動機づけや喜びは，ある教師とある子どもたちとの関係ならではの，偶有的，創発的にもたらされる。それは，すべての教員と児童・生徒との間で起こるわけではなく，また，起こることを事前に予定もできない。

　敷衍（ふえん）すれば，このような認知的側面と感情的側面の両者が赤裸々になる学校教育の世界では，児童・生徒に加えて保護者，さらには「学校関係者」が評価の基準にもつのはどちらかといえば後者である。なぜなら，彼らは学校全体の活動やその目標を理解している必要がなく，自分たちに関わる，より正確には自分たちが経験した場と時間の限りを評価しがちなため，いっそう「木を見て森を見ず」の状態になるからだ。それは，分析的，内省的，メタ的な捉え方というよりも，より直感的，感覚的，刹那的である。

　したがって，「モンスター・ペアレント」問題が生じるのも，学校側が前者的であるのに対して，保護者側が後者的であるために起こるズレゆえといえるだろう。よって，法曹界をモデルに求めるかのような，紛争解決のための「第三者機関」設置という方法では，両者のズレは埋めがたく，事態の改善・解決につながるとは考えにくい。

　よって，教員評価は第三者的に観察されるよりも，まず当事者の自己評価に基づくことが効果的と導ける。屋上屋を重ねるが，「それでは客観的でない」「説明責任を果たせるものではない」という批判は，すでに折込済みである。教員評価が「どのような教育活動をしたか」に主眼をおくのであれば，入力段階を押さえることで，ある程度は客観的な把握が可能だろう。ただし，それは「いかなる学習の契機になったか」までを説明するものではない。重ねて，その結果のいかんは相手に委ねられざるをえないからだ。

　いっぽう，現行の教員評価制度は，年間教育計画とその実施に基づいて行わ

れているが，これは人事異動上の都合からくるものであって，多分に短い期間しか継続しない教育―学習活動に応じたものとはいえない。また，ここでの「システム」とは，あるサイクルに従って評価が行われることをさしているから，どの時期のいかなる出来事が印象的に評価されるのかが，被評価者には不明なままである。このため，評価されることと実際の職務遂行との齟齬を避けがたい。

　行政活動として学校と教職員の評価を行うべき立場にある教育委員会にとっては，忸怩たる思いだろうが，学校で生じる現実の曖昧さと主観的性格，継続時間の短さなどをふまえた，「ハンドルの遊び」の多い仕組みとして構想するあたりしか，今のところは提案できないように思われる。

第3節　翻訳される教員評価をどうするか

　以上から，整理すべき重要な点を残したままに制度化，実施されている現行の教員評価は，おそらく成功していない。限られた事例だが，教員評価について身近な教師にたずねて返ってくる声も，決して肯定的ではない。「今年はがんばったと思って，自己評価を高く書いたら，書き直すように求められた」「みんな，このランクで記入することになっています。それ以外を書いたら管理職から呼ばれます」「年度途中で教員と面談をするようにガイドラインには示されているが，そんなことはこれまで一度もない」「ほとんど，教員評価をやっています，というアリバイづくりのための制度のように思われる」と。

　これらの声から考えられるのは，教員評価制度が登場する以前においても，教員への評価はそれなりに行われており，それが現行の制度よりもある意味で合理的なのではないか，ということである。つまり，教員の評価はなかなか「システム」化できない。にもかかわらずこの形式を維持すれば，学校において教員評価は翻訳され，つまり，実際と書類上の大きなズレが生じたままで，次第に制度が形骸化し，実質的な意味をもちえない状態にいたるだろう，と考えられる。

　振り返れば，これまでも教員に対する評価は行われてきた。それは，おおむ

ね肯定的評価として，主任や指導主事，学校管理職への登用，指定研究校への異動であったり，反対に否定的評価として，重要とされる分掌に当てられなかったり，ときに「優勝旗」とも揶揄されるような毎年の学校間移動であったり，という具合だろう。これらは，現在のような文書主義的で客観的な手続きを通じてではなく，主に学校管理職の観察と印象からなる，主観的側面をも免れない人事異動や学校経営として対処されてきたのである。

　もちろん，教員間の「なれ合い」や「お手盛り」とも取れなくない，曖昧な評価方法に依拠すれば事足るとまでは言い切れないだろう。ここで問われるのが，教職としての専門性を担保する装置を学校経営そして学校教育行政上，いかに仕掛けるかである。とりわけ，教職に限らず自己評価は他者評価よりもおしなべて高く，初等教育段階では学級経営の，また中等教育段階では教科経営の面で「一国一城の主」になりがちなことから，自己認識が修正されにくい傾向にある点は留意すべきだろう。

　これを抑制するためには，分析的で批判的なコミュニケーションが生まれる場を確保すること，「報告・連絡・相談」といった集約・収束する方向だけにコミュニケーションを捉えるのではなく，多面的，意外性のある，おもしろい分散・拡散する方向でのコミュニケーションを促すように，たとえば職員室の雰囲気あるいは「空気」を変えていくことである。

　そこでは，いわゆるムードメーカーの牽引もさることながら，スタッフが学年や教科を超えて，気さくにやりとりできること，「真面目な雑談」のできることが大切だろう。笑いやユーモアはそのための大きな道具になりうるだろうし，深刻な状況だからこそ，相対化し，笑うおおらかさが，学校や教育委員会にいっそう求められるように思われる。

　以上から，あらためて，何のための教員評価なのか，そのためには誰に，どんなことを，どのようにたずね，明らかにするのが有効かを，議論，整理することが大切になる。これらの組み合わせにより，いろいろな教員評価がありうることを前提にして，「粉飾」と揶揄されないような評価を進めるためには，「何を知りたいのか」「何がそもそもわからないのか」を明らかにすること，評価

の前に，自分たちが問いをもてるかどうかを確かめることが第一歩である。にもかかわらず，この作業を欠いたままに教員評価制度を続ければ，関係者の徒労感をいっそう強め，不健康な労働環境を助長しかねない，と自戒すべきだろう。

【榊原 禎宏】

引用・参照文献

金子真理子・苅谷剛彦（2010）『教員評価の社会学』岩波書店

東洋（2001）『子どもの能力と教育評価［第二版］』東京大学出版会

佐藤全・坂本孝徳（1996）『教員に求められる力量と評価「日本と諸外国」—公立学校の教員はどこまで評価できるか』東洋館出版社

第6章　教師のライフコースと発達・力量形成の姿

　教師の発達と力量形成に関する議論は，とかく個人レベルでの「経験主義」と「規範主義」に傾きがちである。そのような論議では，いつまでたっても研究的蓄積を生み出していくことはできない。では，実態として，「教師は，教師としての力量を，いかなる場で，いかなることを契機として，いかなる具体的内容のものとして，形成していくのであろうか」。筆者の素朴な問題意識はその点にあり，その解明のために教師に就く前の被教育体験期も含めて，教師として歩んできたライフコースを，インタビューやアンケートなどによって把握することを試みてきている。そしてその試みを，「ライフコース・アプローチに基づく教師の発達と力量形成に関する研究（教師のライフコース研究）」と称している（第3章末注1参照）。
　本章では，この「教師のライフコース研究」の特徴である基本的観点を提示しつつ（第1節），教師の発達と力量形成における「転機」とそれを生み出す諸契機を整理し（第2節），それらをふまえて一人の男性教師における「選択的変容型」発達の姿を事例分析的に描き（第3節），全体として教師のライフコースと発達・力量形成の問題に論究していきたい。

第1節　「ライフコース・アプローチ」の基本的観点

　「ライフコース・アプローチ」に基づいて教師の発達と力量形成を論究しようとする場合，まずはその「発達」をどのようにみるのかが重要となる。そのために本節では，「生涯発達（life-span development）」，「時間（time）」，「転機（turning point）」といった諸概念の捉え方を提示しながら，その特徴点を描い

ていきたい（ライフコース・アプローチには，もう一つ「コンボイ（Convoy）」という研究上の基本的観点があるが，「力量形成」をどう捉えるかという問題の論究と併せて，第9章を参照されたい）。

1 「生涯発達」をどのように捉えるか

「生涯発達」という概念は，単に生涯にわたる各時期の発達を寄せ集めたもの，青年期で終わりがちであった発達研究の時期を延長させたものではなく，「発達」というものをどう眺めるのかという観点・見方の転換を意味しているという。

「生涯発達」理論を体系化したといわれる Baltes, P. B.（1987，訳書1993）は，「生涯発達心理学を特徴づける理論的諸観点」として，次の7点を指摘している。すなわち，①生涯発達（Life-span development）：個体の発達は生涯にわたる過程であること，その全過程・全段階において連続的（蓄積的）な過程と不連続（革新的）な過程の両方が機能していること，②多方向性（Multidirectionality）：個体の発達を構成する変化の多方向性は同一の領域内においてすら見いだされること，さらに同じ発達的変化の期間において，ある行動システムでは機能のレベルが向上する一方，別の行動システムでは低下すること，③獲得と喪失としての発達（Development as gain/loss）：発達の過程は，量的増大としての成長といった，高い有効性の実現へと単純に向かう過程ではないこと，むしろ発達は，全生涯を通じて常に獲得（成長）と喪失（衰退）とが結びついて起こる過程であること，④可塑性（Plasticity）：個人内での大きな可塑性（可変性）が心理学的発達において見いだされること，発達研究の重要なポイントは，可塑性の範囲とそれを制約するものを追究することであること，⑤発達が歴史に埋め込まれている（Historical embeddedness）：個体の発達は，歴史的文化的条件によってきわめて多様でありえること，⑥パラダイムとしての文脈主義（Contextualism as paradigm）：個々の発達のどの特定の道筋も，発達的要因（年齢，歴史，規準のないもの）の三つのシステムの間の相互作用（弁証法）の結果として理解することができること，⑦学際的研究（Field of development as multidisciplinary)：心理学的な発達は，人間の発達に関係する他の学問領域（例えば人類学，生物学，社会学）によってもたらされる学際的な文脈の中で理解される必要があること，である。

このような生涯発達の多面性，多方向性，多次元性への留意に立脚して，Baltes, P. B. はまた，ライフコースを捉えるうえで「選択的最適化とそれによる補償（selective optimization with compensation=SOC）」という考え方，すなわち衰退・喪失としての側面をともないながら進行する人生のなかで，それへの対応・適応の形態を選び取りながら最適化を図り，同時にそれを補償し代替するようなメカニズムを発達させようと努力するという考え方をとるのである。

以上のような Baltes, P. B. の「生涯発達」観は，教師が教育専門職としての実践を遂行しながら自らの発達と力量形成を自己形成していく姿，「教師としてのライフコース」の姿を捉えようとするにあたって，基本的かつ重要な視点を提示してくれている。この発達をめぐるライフコース研究の基本姿勢を，Elder, G. H.（1996, 訳書2006）の言葉を用いて特記しておくならば，「依然2つに分離された方向の問題，すなわちライフコース発達の研究と社会変動の研究を1つにまとめる」ことであり，「社会変動と生活経験をリンクさせる」ことなのであると特徴づけることができよう。

2 「時間」というものをどのように考えるか

私たちは，日常生活においてさまざまな役割を背負いながら一定の時間を過ごしそのなかでさまざまな経験を積んでいる。日常生活を人生という長いスパンで見るならば，子どものころには家庭で「子ども」として，学校で「児童・生徒」として，成人し働くころには会社などで「職業人」として，結婚し家庭をもつころになると「夫・妻」として，わが子の「親」として，地域社会においては「地域に暮らす住人・隣人」として，さらにはそれらのいずれの時期においても「特定の時代を生きる歴史人」として，それぞれの時間と経験を積み重ねていくのである。そういう意味では，私たちの人生は，時々の役割が変化しながら，さまざまな時間と経験によって織り成されているといえる。

家族史研究者である Hareven, T. K.（1982，訳書1990）やライフコース研究者の Giele, J. Z. & Elder, G. H.（1998，訳書2003）は，ライフコース内に束ねられているいくつかの次元の異なる「時間」と，それぞれの「時機調節（timing）」のパターンに着目している。すなわち，次元の異なる「時間」相互の「共時化（synchronization）：共鳴・共振」の仕方が一人ひとりのライフコースに固有で多様な展開様式を生み出しているといえるのである。

　その Hareven, T. K. の主張に学びながら整理すると，個々人のライフコースは基本的には，①個人時間：加齢・成熟，病気などの時間と経験，②社会時間（家族時間，職業時間）：子や夫・妻や親としての時間と経験，職業人としての時間と経験，③歴史時間：特定の時代を特定の社会において生きるうえでの時間と経験，という三つの「時間」が束ねられていると考えられる。そして，ある出来事が，一定の年齢段階（若いころなのか年を取ったころなのか）や生活状況（仕事に行き詰まっていたころなのか順調であったころなのか）のときに迫りくると，私たちは何らかの対応をすることになるが，そのことによってその後の私たち自身のものの考え方・生活の仕方などに変化が生み出されるのである。しかし，その変化は，迫りきた出来事が同じだとしても，皆一人ひとり異なる。なぜならば，迫りきた時期が，例えば若いころなのか年を取ったころなのか，あるいはまた仕事に行き詰まっていたころなのか順調であったころなのかによっても対応の仕方は異なるからである。さらには，迫りきた出来事と迫りきた時期が同じだとしても，それまでの生育史のなかで培われてきた意識状況の違いによっても対応の仕方（まったく何も対応しないという仕方も含めて）が異なるからである。このように考えてくると，どのような「時間」とどのような「時間」とが共鳴・共振しあって，いかなる変化を生み出していくのか，その変化は個々人の固有なものなのか，あるいはその個人が属する一定の集団成員に共通するものなのか，そのメカニズムに着目することが一人ひとりのライフコースを理解するうえで重要となるのである。

3 「転機」というものをどのように考えるか

　「生涯発達」という新しい発達の観点・見方に立つことによって，必ずしも「発達」が一定の目標に向かっての単調右肩上がり積み上げ型の連続した曲線を描くのではないと理解できる。ライフコース上では，「単調右肩上がり積み上げ型連続曲線」を打ち破るさまざまな出来事に遭遇し，そのたびごとに古い衣を脱ぎ捨て直面する課題に立ち向かうための新たな衣と進み行く道とを自己選択していくという，いわば質的な転換（ときには飛躍・停滞・後退など）を生み出していく「転機」がある。

　「転機は個人の生活構造の変動の一種」であり，「転機の物語は多くの場合，現在から振り返って語られた過去の生活構造の大きな変動の記録」である。そして，「しかも，それは単に『大きな』変動ではなく，もしそれがなかったらその人の現在もなかったであろうと思われる，その後のライフコースの方向を決定づけた『重要な』変動の記録」なのである。このような意味を有する「転機」は，そのタイプからみて，「生活構造の剥奪→アノミー状態→レディネス状態→契機→新しい生活構造の構築」といった過程をたどる「外発型」と，「構造的ストレスの増大（レディネス状態）→契機→既存の生活構造からの脱出＝新しい生活構造の構築」といった過程をたどる「内発型」，そして学校卒業というような予定されており突然の不可抗力によるものではないが葛藤や予想もしなかった展開がみられた場合のような「制度型」があるという（大久保, 1989）。

　そのプロセスこそが明らかにされなければならない。その際には，どのような種類の「出来事 (event)」が転機を引き起こしがちであるのか，人生においてどのような「時期・時機 (timing)」に転機が現われるのか，どのような「境遇・状況 (situation)」において転機が生まれやすいのか，といった点に着目して分析することが重要である (Kiyomi Morioka, 1985)。またその分析結果からは，「空白の期間」さえも，「無用の用：何かしなければならないという意欲がわいてくるために必要」「熟成の時間：人が新しい解釈を生み出して変わるためには時間が必要」「新しい方向性の提供：ライフコースの道が見えない状態で異なった道を探し出す」というような意味内容をもってみえてくるのである（杉浦,

2004）。

　「転機は時に脱皮にたとえられます。ちょうど蝶が幼虫からさなぎになり，殻を破って成蝶になるように，私たちはいくつかの転機の経験を通して，古い自己を脱ぎ捨てて新しい自己を作り上げる」（杉浦，2004）。脱皮の瞬間とそれを挟む前後の時期とを通覧することによって，非連続性をともなった発達の生成と変容の姿を捉えなければならないのである。

第2節　「転機」とそれを生み出す諸契機

　教師のライフコース上においても，教材観や授業観，子ども観や学校観，あるいはそれらも含めたトータルな意味での教育観全体に関わる，何らかの変化や転換が生じている。それをインタビュー調査によって，前節でみてきたような基本的観点を念頭におきながら，丁寧に聴き取り，再構成していくのであるが，筆者の「教師のライフコース研究」の一環として継続的に実施してきている質問紙調査でも，「最近5年間のうちに教職生活に変化をもたらした公的及び私的生活上の出来事（＝教職生活上の「転機」をもたらす契機）」をたずねてきている（「その他」を含む17項目のなかから複数選択可）。その結果は，全体平均として指摘率の高い項目として，「教育実践上での経験」「学校内でのすぐれた先輩や指導者との出会い」「個人及び家庭生活における変化」「職務上の役割の変化」などがみられた。

　本節では，2004年に実施した第5回調査結果データをもとに，自由記述における具体的な声も含めて以下紹介し，教師としての発達と力量形成に関わっての意味内容を論究していきたい（数値も含めた詳細は，第3章末の参考・引用文献の山﨑（2012）を参照願いたい）。

1　各年齢段階に共通した契機

　「教育実践上での経験（全回答者の30.0％）」や「学校内でのすぐれた先輩や指導者との出会い（同23.0％）」という項目は，年齢段階（教職経験年数）を問わず

各 GC から指摘がなされている契機といえる。ただし，若い年齢段階の教師になるに従って徐々に指摘率は増加するという共通特徴をもちつつ，「経験」は女性教師に，「出会い」は男性教師に，それぞれ指摘率が相対的に高い。

とりわけ「教育実践上の経験」は，最も指摘率が高い項目である。各年齢段階の教師いずれからも平均して指摘率が高いが，とくに若手教師層（相対的には男性よりも女性：53.4％）からの指摘率が高い。そしてその具体的内容とは，さまざまな問題をかかえた子どもたちとの出会いと交流の経験であった。自由記述のなかからその具体的事例を2事例のみ以下紹介しよう。それらの経験を契機としての転機の訪れが読みとれる。

① 学級に障害児が入ったことで，今までの指導は通用しないことを実感した。周りの子どもたちはその障害児がいることでいろいろ1年生（今まで担任したどの1年生よりも）としてとても優しい思いやりが育ち，学級もその子を見守りながらまとまっていった（もちろん保護者たちの協力・理解，またその子の保護者の姿勢，その子の人柄も大きいが）。しかし，その障害児自身に1年間でどれだけ力をつけてあげられたかは，今でも疑問である。何かいい指導法はないか，でも他に30名も1年生がいるとその子だけを特別というわけにはいかず，今までとの指導のあり方をとても考えさせられた。（40歳代後半，女性教師）

② Sくんという問題児を現在担任しています。確実に心理的な病を抱えていると思うのですが診断はでていません。離席や意味の分からない言動，集団意識の欠如等で毎日奮闘しています。しかし，彼が熱中できる発問ができた時によろこびが生まれます。また，彼が「先生にだけに話したい」と悩みをうちあけてくれた時には，子ども理解の難しさを再認識した瞬間でした。（20歳代前半，女性教師）

このような事例のほとんどは，それぞれの教師が，いろいろな条件のなかで，さまざまな特徴をもった子どもと出会い，試行錯誤を繰り返しながらも，自分なりの指導の方法・技術や考え方を新たに獲得しなおしていくことによって，それまでとは違った教師としての自分に気づき，教師としての自分の発達を感

じ取っていった経験内容である。またその場合の「さまざまな特徴をもった子ども」とは，障害児，低学年児，問題行動児，そして近年では不登校児や外国籍児童というような子どもたちであり，それまでの経験のなかで蓄積してきた指導の方法・技術や考え方ではもはや対応できない状況に直面させられ，子どもを"ひとかたまりの集団"ではなく"一人ひとりの個性ある存在"として捉え，対応が求められたことを共通の意味内容としている。

2　特定の年齢段階に対応した契機

「個人及び家庭生活における変化（全回答者の 18.7％）」や「職務上の役割の変化（全回答者の 25.6％）」という項目は，特定の年齢段階において指摘率が高いことを共通特徴としてもっている。ただし，後者「職務上の役割の変化」は 40 歳代後半〜50 歳代前半の男性教師に（50 歳代前半男性教師：63.1％），前者「個人生活」は 20 歳代後半〜30 歳代前半の女性教師（30 歳代前半女性教師：65.9％）に，それぞれ指摘率が相対的に高い。「職務上の役割の変化」の具体的内容は，主任・教頭・校長等といった指導職・管理職への就任とそれらがもたらす教職生活や教職意識の変化である。また「個人生活」の具体的内容は「自らの出産・育児の経験」が圧倒的に多く，以下の三つはそのような事例を代表するものである。

③　実際に自分の子どもを生み育てる経験を通して，子どもの心や行動の現れをより的確に捉えられるようになったと思う。子どもの出すサインやシグナルに気づき，問題行動をピンチととらえるのではなくチャンスと受け止めるゆとりが持てるようになった。（40 歳代後半，女性教師）

④　子ども（5歳）の存在は大きい。親から親しみや共感・悩みを受け，理解し合えるようになった。親の苦労を考えるようになった。クラスの子にも親の気持ちを話すことができる。また，朝，学校に来るのが当たり前でなく，親の世話によってと（心配・喜び）感謝するようになった。また，教育は教師が全てかぶるものではないと感じた。教職は生きがいとは思っていない。自分という人間のバランスを考えてのことでもあるが，教育を

受ける側からしても，そう思い込んでいる人はどうかと思う。教育を受ける側は自分の必要とするものを存分に求めることのできる環境を望んでいるだろう。教員はそういう教育的環境の一要素と捉えるようになった。求められる環境として，私は成長したいと思っている。(30歳代前半，女性教師)

⑤ 長男が難病になりすべての生活が長男中心になった。健康に生きていること，自由に過ごせることの素晴らしさを改めて痛感した。勉強が多少できなくても，多少乱暴でもぜんぜんＯＫなんです。年々下がる収入にはこのこともあり先行き不安です。18歳までは，国が特定疾病としてすべて無償ですが，その後一生莫大なお金がかかります…。(30歳代後半，男性教師)

以上は，教師自身の子育て，親としての喜びや苦しみ，そしてわが子の病気など，一人の人間として向き合わねばならない諸問題とそれを契機に生まれる自分自身の変化が，子どもの見方や教育の考え方を変え，教職活動そのものにも直接的間接的に影響を及ぼし，変化をもたらしている事例である。教職とは，とくに人間としてのありようと教職活動自体のありようとが比較的ストレートに，そして密接に結びついている職業なのである。

3　教師のライフコース：その平均的ステップ

上述してきたような転機に着目して，入職以降の教師のライフコース途上で直面する課題を整理し，多くの教師たちが歩む平均的なステップを描くならば，およそ以下のようになろう。

(1)　初任期：リアリティ・ショックから教職アイデンティティの形成へ

若い教師たちは，入職後およそ10年間のうちに，まずリアリティ・ショックを受け，そのショックをかかえながらも無我夢中で試行錯誤の実践に取り組む。自分の被教育体験のなかで出会った教師たちの実践を無意識のうちにもモデルとして自らのなかに取り込み，実践することも少なくない。教師の経験の「縦の伝承」(稲垣ほか編，1988)である。しかし，次第に自分の実践上の課題を明確に自覚化するようになり，そしてこれから自分はどのような教師として教職生活を過ごしていくべきかを考えるようになる。

入職後のリアリティ・ショックとは，想像していた以上に「教師の仕事量が多い」ことや「子どもの能力差が大きい」と感じること，にもかかわらず教師や学校に対する「世間の目は冷たい」とさえ感じることなどである。まだ教職経験の少ない若い教師たちにとって，意欲とエネルギーは持ち合わせながらも，戸惑い，悩むことになる実践上の困難さは多いのが通例である。

　そのようなとき，若手教師同士で経験を交流しあったり，悩みを相談しあったりすること，日常の教職生活のなかで先輩教師から授業や子ども理解について具体的なアドバイスを得ること，それらを手がかりにさまざまな問題をかかえている子どもたちとの格闘を通して，若い教師は次第に力量を形成し，発達を遂げていくのである。

　そして，リアリティ・ショックに苦しみながらも無我夢中で試行錯誤の実践を展開するなかから，自分が取り組んでいきたい実践課題を自覚し，意識的計画的な実践の追求が始まり，教師としてのアイデンティティの初期形成が次第に遂げられていくのである。

(2)　中堅期：男女における分岐と交錯

　20歳代後半から40歳代前半にかけて，男性教師と女性教師は，多くの場合，それぞれ異なった経験を積み，ライフコース上の分岐をなし，その後再び交錯していくことになる。すなわち，男性教師は，比較的早い段階から校務分掌などの役割を担い，先輩教師や管理職教師などとも公的な関係を築きながら教師としての発達と力量形成を遂げていく。その一方で，30歳代中頃から学年・研修の主任職などを担うようになると，自分の学級や担当児童・生徒のことだけではなく，学年・学校全体や同僚教師集団のことに目を向けざるをえなくなり，その役割変化がストレスとなり教職生活上の危機を生む場合もある。それに対して，女性教師は多くの場合，20歳代後半から結婚・出産・育児・家事といった人生上の出来事に直面し，家庭生活上の負担が重くのしかかってくる。同じ時期に入職した男性教師と比べてしまうと，自分ばかりが置いていかれてしまっているような焦燥感も覚え，家庭生活上の負担と相まって離職の危機を生みやすい。しかし，出産や育児といった経験を通して「子どもを見る目が変

わった」「親の期待や気持ちが本当にわかるようになった」などの変化を自覚するようにもなり，男性教師とは異なった歩みのなかで，教師としての発達と力量形成を遂げていくことになる。

そして再びの交錯は，女性教師が家事・育児から一定程度解放されるころから起こってくる。20～30歳代にやり残してきた実践課題にも取り組む時間的精神的ゆとりが多少生まれてくるなかで，再び自己の実践構築に向けて動き始めるからである。しかし，自分や夫の老親の介護といった私生活上の問題もまた次第に迫ってくる時期ともなるのである。

(3) 指導職・管理職期：実践家からの離脱化と新たな能力形成の課題

指導主事や教頭・校長などの指導的・管理的職務に就くということは，教職生活における飛躍と危機という両面をもたらす。すなわち，教育という営みを捉える視野を拡大させるとともに学校づくりという新しい教育実践を創造していく可能性をもたらすが，その一方で，学級という自らの実践のフィールドを喪失し教育実践家からの離脱化をも余儀なくされるからである。

近年では，「特色ある」「個性ある」学校づくりが強調され，それらが学校間の競争にまでなり，そのなかで指導職・管理職の「指導・経営管理能力」が問われるようにもなってきている。それまで実践してきたフィールドとは違った，いわば指導・経営管理というフィールドに立たされることによる戸惑いもまた大きくなりがちである。そしてなによりも，年齢からくる「体力や健康の不安」感，さらには職場内には気軽に相談できる相手がいなくなるという「孤独」感もまた生じ，「離職の危機」を迎えやすい。

以上整理してきた事柄は，多くの教師が生涯にわたる教職生活上の各年齢段階で迎えることとなる一般的な課題や困難さである。しかし，重ねて強調しておくならば，それらは誰もが一律に，同じ年齢段階で，必ず迎えるというような認識であってはいけない。平均的なステップに対する認識と同時に，一人ひとり異なった多様で個性的な発達と力量形成の姿についてもまた認識しておかなければならないのである。

第3節　事例分析：教師の発達と力量形成の姿

「教師の発達と力量形成」をテーマとする本章の最後に，一人の男性・小学校教師（Q教師と仮称）のライフコースを紹介し，そこから「単調右肩上がり積み上げ型」発達モデルとは対置されるべき，教師という専門的職業人の「選択的変容型」発達モデルを考察していこう(注)。

1　教職への接近とモデル形成：無我夢中で常に子どもたちのなかにいる教師像

　Q教師は，1983年教育学部卒業の小学校教師である。高度経済成長期に幼・小学校時代を過ごし，高校・大学進学率が上昇する受験競争激化期に中学・高校を過ごし，共通一次試験による最初の入学生として大学進学を果たしている。教育学部進学を最終的に選択したのは，中学校時代に芽生えた教職志望であり，親の期待（地元の安定した職種への就職）からであった。彼の教職イメージ形成の原点は，番組が放映され始めたときに，毎週「欠かさず」見ていたというテレビドラマ「熱中時代」や「金八先生」にある。ドラマのなかで「先生の周りにいつも子どもたちがいる世界」に憧れ，「こういう仲間がいたらいいなあ」とも思っていた。ドラマのなかで展開されたシーンに「自分が教師になったらやってやろう」との思いをかきたてられていった。

　教職選択への影響という点での大学時代における思い出は，アルバイトとして行った家庭教師や塾講師の経験，そして教育実習の経験であった。アルバイト経験では，同じことを教えても理解に大きな違いを見せる子どもたち，いくら説明してもわかってくれない子どもたちと出会い，子ども間の学力格差や自分とは違った思考パターンをする子の存在を初めて知ることとなった。教育実習では，授業はうまくできなかったが，子どもたちとの一体感を感じて，教職志望は「かなり高まっていった」。

　大学卒業時の1980年代初頭は中学校を中心として「非行・校内暴力」が広がっていたこともあり，「中学で部活動の指導がしたい」との思いはあったが

```
(1) 教職への接近とモデル形成（小・中・高・大学）
        ↓    ○小学校低学年時代のお母さんのように優しくしてくれた担任女性教師
        ↓    ○テレビドラマ「熱中時代」「金八先生」の世界
        ↓    ○アルバイト(家庭教師や塾講師)経験や教育実習で接した子どもたちの姿
    無我夢中で常に子どもの中にいる教師像（新任期）
        ↓    ○初任者指導教師からの「介入授業」もどきの授業指導と辛く悔しい体験
        ↓    ○先輩Ｓ先生からの言葉「お前のクラスは授業以前の問題だなあ」
        ↓    ○学年教師で自主的勉強会を始める：「本質的な勉強をしなければ」
(2) 授業研究に邁進する教師像（新任期からの脱皮と教職アイデンティティの初期形成）
        ↓    ○附属小転任と集団的授業研究，Ｓ先生の言葉の意味を自己理解する思い
        ↓    ○結婚：家族時間の始まり，教職生活スタイルの再構築
        ↓    ○道徳の授業の経験：先輩教師の批評，子どもと自分の充実感
(3) 授業観の変化：「授業の意味や価値」を追求する教師像（中堅期への移行）
        ↓    ○「よい授業」とは何か，という自分の中の問い
        ↓    ○「見ごたえのある授業づくり」から「授業の意味や価値を追究」へ
(4) 生徒指導・社会教育分野での実践：
    学校の外から子どもや教師や学校のあり方を見つめ直す視点を持った教師像
        ↓    ○附属小から再び公立小へ，障害児を中心とした学級・授業づくり
        ↓    ○２年目に学校の"荒れ"に遭遇
        ↓    ○社会教育事務所への転任（40歳代）
```

図6.1　Q教師の「選択的変容型」発達の姿

小学校教師の道を選択する。実際に教師となっての新任期においては，がむしゃらに子どもたちのなかに入っていき，そのことが子どもを変えていっているのだとの実感さえ持てていた。ドラマの世界で行われていたという「カップラーメン早食い」などをそのまま実践し，校長に叱られながら，また同僚先輩教師たちからもなかば呆れ果てられながらも，温かく見守られていた。「子どもたちにとって兄貴みたいな存在として振る舞っていた」「一生懸命子どもと向き合えば，子どもは応えてくれる」と実感していた新任期であった。

　テレビドラマのなかの教師へのあこがれとそれをモデルとした無我夢中で常に子どものなかにいる教師像の形成，"荒れる"中学校を敬遠しての小学校教師の道の選択と新任期のドラマの世界のような実践，歴史時間の波はQ教師の被教育体験期から新任期にいたるライフコースに影響を与えている。

　しかし，授業参観に来ていた初任者指導教師からは，「はい，ストップ。タ

ッチ。後ろで見ていて」と，途中交代させられるような状態だった。子どもたちの「先生，まだ一人前じゃないんだ」という声にショックを受けた。初任者研修法が成立（1988）する前ではあったが，すでに新規採用研修施策が強化されはじめていた時期であった。週に1～2度授業を見にきてくれていた職場の先輩S先生からも，「お前のクラスは，授業以前の問題だなあ」とよく言われた。その当時は，「何のことを言われているのかわからず，子どもたちの手の挙げ方が悪いのかなあ，というぐらいに思っていた」。

　教職3年目，Q教師は自分と同学年を担当することになった3人の教師たちと自主サークル的な勉強会を始める。そこで授業研究のキャリアをもつM先生と出会い，「子どもが見えないんです」と相談すると，「お前は，子どもに願いをもちすぎる，願いをもつ前に子どもを見ようよ，そうすれば願いが生まれてくるものだ」という言葉が返ってきた。「自分のよい子像に当てはめて子どもを見ていた自分」に気づかされたという。このころより，Q教師には，次第に「本質的な勉強をしなければとの思い」が生れてくるが，そんな時期を経て，思いがけず大学附属小学校（以下，附属小）への転任が決まるのである。

2　自らの実践課題を自覚：授業研究に邁進する教師像

　30歳を目前にしてQ教師は，附属小に転任してから，「本をムチャクチャ読むようになった，教育の哲学みたいなものを自分に形成したいと思い，いろんなものを読み，そのなかから授業をつくろう」としはじめている。「自分がしたいと思っていることの理論的裏づけがほしい，理論的に話すことができるようになりたい」と思うようになったのである。そのような思いが徐々に形成されるようになったのは，新規採用研修の強化とそのなかでの辛い悔しい体験，先輩のS先生やM先生からの言葉が背景にあった。

　「それまでは，あんまり読みたいとは思わなかったし，この本がいいよって言ってくれる人もほとんどいなかった」新任期に対して，今度は附属小の研究活動と先輩教師たちがQ教師のそのような欲求を満たしてくれたのである。7年余りの時間を経て，このころになってやっとQ教師は新任期にS先生から言

われた「お前のクラスは，授業以前の問題だなあ」という言葉の意味を自分なりに何となくわかるようになってくる。「子ども同士がまだ互いにわかりあっていないで，互いに引き寄せあったり，必要としあったりしていないことではなかったのか」，「教師がどのような手法をとるかではなく，長い目で子どもをどう育てるか，教材研究はどうあるべきか，などを考えていなかったことに対する指摘ではなかったのか」と，思いめぐらすことができるようになってきたのである。

　同時期，Q教師は民間企業に勤める女性と結婚する。独身で一日24時間が自分の思うように使え，子どもたちといつも一緒にいることができた生活スタイルは，この先ずっと同じように続けていくことはできないと感じはじめる。この私生活上の変化も一因となって，授業で子どもと結びつくことを強く意識するようになるのであった。

　新採研修での辛く苦しい体験や先輩教師たちからの厳しい言葉，7年という教職実践を経てのその言葉の自分なりの理解という職業時間が生み出した授業研究への関心があり，そこに結婚という家族時間の始まりを直接的な契機として，Q教師は，無我夢中で常に子どもたちのなかにいる教師像から授業研究に邁進する教師像へと自分の教職アイデンティティを変容させていく。

3　授業観の変化：「授業の意味や価値」を追求する教師像

　こうして授業研究に邁進する教師像を目標にした生活が始まり続いていくのであったが，しかし次第にQ教師は，附属小における自らの授業のあり方にも疑問を感じはじめるようになる。公開授業研究会などで「みんなに見ごたえのあるような授業をしなくてはならない」というような宿命を負わせられている附属小のなかで，「よい授業」とは何かという疑問がわいてきたのであった。

　「よい授業というのは，子どものよい姿に出会えたことをいうのではないか」，「仮に外からは見ごたえがなくとも，自分と自分のクラスの子どもたちは充実した時間がもてたという，唯それだけでよいのではないか」。こう思うようになったのは，ある道徳の授業を実践したことが一つの直接的契機となっている。

参観者からは「親を批判しあって，それがどうして道徳になるのか」という厳しい批評も寄せられたが，社会科の先輩先生からは「こういう授業をやって，お前と子どもたちが何を感じたかを大切にしなくちゃあいけないぞ」，「お前がなぜこういう授業をしたかっていうと，お前の環境があるんだぞ」と言われた。たまたまその前年に母親を亡くしていたQ教師は，「自分が自分の親に対する思いをその授業の中で実現しようとしている」自分，「親のない自分が親に対してものを言いたいという思いを子どもの姿に実現しようとしている」自分に気づかされたという。「そういう授業の見方ができることに『すげえなあ』と思った」。

そしてこの授業を通して，「それぞれの子どもの家庭背景を知ることができたし，社会的背景から発言している子にも驚かされた」というQ教師は，「こういう時間が，ほかの人にくだらない授業だと言われても，すごくよかったと自分で思えちゃう」ことを大切にしたいと考えるようになっていったのである。

母親を亡くしたという個人時間の思いが背景にあってつくられた道徳の授業，そこでの自分と子どもたちの充実感，さらにそこに先輩教師のコメントも重なっての職業時間がもたらしたものは，Q教師における第二の変容，すなわち「見ごたえのある授業」から「授業の意味や価値」を追求する教師像への変容であった。

4　生徒指導・社会教育分野での実践：子ども・学校を見つめる視野の広い教師像

教職14年目，Q教師は公立小へ戻っていく。1年目は1年生の学級担任だった。学級には自閉症傾向のあるB男がいたが，そのB男を中心に学級づくりを行った。そうすることが附属小最後のころに抱き始めていた「子どもと一緒に充実したと思える授業」づくりへの思いが実現できそうであったし，なによりも「B男のペースに合わせることがクラスにも，自分にも必要」と感じていた。

しかし，そういうQ教師の思いは，2年目には早くも打ち砕かれる。学年全体に「子どもの荒れ」が目立つようになり，「学級崩壊」の波も押し寄せてき

たからである。すでにキャリア的にも中堅教師となっていたQ教師は、教師集団のリーダー役として生徒指導に追われる日々を送ることになったのである。さらに教職20年目、40歳代となったQ教師に、今度は、教育事務所社会教育分野への転任が命じられる。子ども会、スポーツ少年団、青少年健全育成会、補導活動など、新しい分野での慣れない仕事に戸惑いながらも、「子どもの教育は学校だけで行われているのではないことを実感させられている」という。「地域のなかの学校という側面から学校教育を見直すことで、子どもの成長を地域のなかで育んでいくことの大切さを感じることができ、また学校現場に戻ったときに新たな授業を構想していきたいという思いが芽生えてきている」という。

　Q教師の教職人生は、これからさらにまだ10年余りも続くだろう。彼は、無我夢中で常に子どものなかに飛び込んでいき子どもたちと結びつくことができる教師こそが自らの理想とする教師像であると思っていた新任期から、もっと授業そのものの本質的なところを勉強したいと願い、授業研究に邁進し、授業で子どもと結びつくことのできる教師へと第一の変容を生み出していった20歳代後半の時期を経て、しかしいつしか見ごたえのある授業の創出にこだわる教師となってしまっていた自分に気づきはじめ、「授業の意味や価値」を追求する教師へと第二の変容を再び生みだしていったのである。そしてさらに子どもの"荒れ"や行政異動といった出来事を迎えながらもそれらに対応した活動を経験するなかで、学級・学校以外の視点から子どもや教師や学校のあり方を見つめ直すことの必要性を感じ取れる教師へと第三ともいえるべき変容を迎えつつあるのである。

5　「選択的変容型」発達の姿

　以上紹介してきたような、Q教師における第一・第二の変容とそれをもたらした転機は、Q教師自身のなかから生まれ選びとられてきたという意味で「内発型転機」であるとするならば、その後の第三の変容と転機は、子ども集団の変化や行政による人事異動によってもたらされることになったという意味で「外発型転機」ともいえよう。後者の場合は、Q教師自身が決して自ら望んで選び

とった転機ではないが，しかしその転機をきっかけとして彼は生活指導面や社会教育活動分野からも子どもや教師や学校の意味を問い直し，新たな意味づけを行うことができるような第三の変容を自らつくり出そうとしてきている。そこにＱ教師なりの「選択的最適化とその補償」の姿が見えてくる。

第一の変容は，職場の先輩Ｓ先生やＭ先生の言葉が，がむしゃらに子どもたちのなかに飛び込んでいくだけでは物足りなくなってきていたＱ教師の心に響いたことを直接的なきっかけとしている。またその背景には，教師教育政策として強化されつつあった初任者に対する研修において授業力量不足を痛感させられた授業途中交代の辛い経験をしていたこと，結婚することによって独身時代とは生活スタイルを変えなければならないと思いはじめていたことなどがある。彼にとっての職業時間，個人・家族時間，歴史時間が共時化し，Ｑ教師を授業研究へと向かわせることになるのであるが，Ｑ教師自身は，それまでの自分自身の授業を「子ども同士がまだ互いにわかりあっていないで，互いに引き寄せあったり，必要としあったりしていない」との認識を自己形成し，授業研究での子どもとの結びつきという方向を「選択的最適化とそれによる補償」として選びとっていくのであった。第二の変容も，自らが実践した道徳の授業における子どもたちの反応や先輩の社会科教師の批評を直接のきっかけとして，「授業の意味や価値」を追求しはじめることになるのであるが，その背景には自らの母親を亡くし，もはや母親に自分の思いを伝えることができなくなった自分という存在への気づき，附属小での精力的な授業研究活動に邁進するなかで感じはじめた授業のあり方への疑問があった。彼にとっての個人時間と職業時間とが再び共時化して，彼のなかに「授業の意味や価値」を追求していく方向を選び取る行動を起こさせていったのである。

教師が発達するということは，どの時代の，どの教師にも，共通で，単調右肩上がりの連続した階段を上るような，力量を量的に蓄積していくようなモデル（普遍性・一般性・段階性といった概念で特徴づけられるような発達の姿）を描いてはいけないのである。そうではなく，変化する状況（社会・職場・子ども，そして自分自身の加齢や私生活上の変化）に対応しながら，教師個々人の直面した課

題を解決するために，困難さを克服するための新しい力量を獲得していくことによって，あたかも結果として古い衣を脱ぎ捨てながら新しく変容していくようなモデル（歴史性・多様性・変容性といった概念で特徴づけられる発達の姿）をもたなければならないのである。上述してきたようなQ教師のライフコース上における「発達変容」の姿こそ，そのようなモデルの一つの姿を示している。一人ひとりが直面する状況と困難・課題とに対応して，いくつかの取りうるべき方向性のなかから，主体的な決断と選択によって，教師として進みゆく方向を見定めていくというような「選択的変容型」の発達であるともいえよう。そのような発達モデルに立って，教師としての発達と力量形成を支え促す研修やサポートのあり方を考えていくことが重要である。　　　　　【山﨑　準二】

注

　ここで取り上げるQ教師の事例は，第3章末の注(1)で説明した筆者の継続調査のうち，2回（1995年3月，2004年8月実施）にわたって実施したQ教師へのインタビュー調査結果をもとに，Q教師の語った言葉を用いながら，筆者が再構成したものである。このようなインタビューの仕方とその事例の描き方については，「ライフコース」「ライフヒストリー」「ライフストーリー」「ナラティヴ」などの用語概念解釈の相違も含めて，やまだようこ編（2007），桜井厚（2002），桜井厚・小林多寿子編著（2005），亀﨑美沙子（2010），藤原顕（2007）など多様な議論がされており，参考とした。

参考・引用文献
稲垣忠彦・寺﨑昌男・松平信久編（1988）『教師のライフコース：昭和史を教師と生きて』東京大学出版会
大久保孝治・嶋崎尚子（1995）『ライフコース論』財団法人放送大学教育振興会
大久保孝治（1989）「生活史における転機の研究――『私の転機』（朝日新聞連載）を素材として――」『社会学年誌』第30巻
亀﨑美沙子（2010）「ライフヒストリーとライフストーリーの相違――桜井厚の議論を手がかりに――」『東京家政大学博物館紀要』第15集
桜井厚（2002）『インタビューの社会学：ライフストーリーの聞き方』せりか書房
桜井厚・小林多寿子編著（2005）『ライフストーリー・インタビュー：質的研究入門』せりか書房
杉浦健（2004）『転機の心理学』ナカニシヤ出版
藤崎宏子（1987）「ライフコースにおける転機とその意味づけ」青井和夫・森岡清美編『現代日本人のライフコース』日本学術振興会

藤原顕（2007）「教師の語り：ナラティヴとライフヒストリー」秋田喜代美ほか編『はじめての質的研究法：教育・学習編』東京図書

堀薫夫（2009）「ポール・バルテスの生涯発達論」『大阪教育大学紀要第Ⅳ部門第58巻第1号』（2009年9月）

やまだようこ（1995）「生涯発達をとらえるモデル」『講座・生涯発達心理学1：生涯発達心理学とは何か』金子書房

やまだようこ編（2007）『質的心理学の方法：語りをきく』新曜社

山﨑準二（2002）『教師のライフコース研究』創風社

山﨑準二（2012）『教師の発達と力量形成』創風社

Baltes, P. B., 鈴木忠訳（1993）「生涯発達心理学を構成する理論的諸観点」『生涯発達の心理学1巻：認知・知能・知恵』（東洋ほか編集・監訳，新曜社）。Baltes, Paul B. (1987), "Theoretical Proposition of Life-Span Dvelopmental Psychology: On the Dynamics Between Growth and Decline", *Dvelopmental Pychology*, vol. 23, No. 5.

Elder, G. H. ほか，本田時雄ほか監訳（2006）『発達科学：「発達」への学際的アプローチ』ブレーン出版。Cairns, R. B., Elder, G. H. Jr., Costello, E. J. (Eds.) (1996). *Developmental science*. Cambridge University Press; (Cambridge studies in social and emotional development).

Giele, J. Z. & Elder, G. H., 正岡寛司他訳（2003）『ライフコース研究の方法：質的ならびに量的アプローチ』，明石書店。Giele, J. Z. & Elder, G. H. Jr. (Eds.) (1998). *Methods of life course research: qualitative and quantitative approaches*. Sage Publications.

Hareven, T. K., 正岡寛司監訳（1990）『家族時間と産業時間』，早稲田大学出版会。Hareven, T. K. (1982). *Family time and industrial time: the relationship between the family and work in a New England industrial community*. Cambridge University Press; (Interdisciplinary perspectives on modern history).

Kiyomi Morioka, (Eds.) (1985). *Family and Life Course of Middl-Aged Men*. The Family and Life Course Study Group.

第Ⅲ部　教職の未来を考える

第7章　職業としての教職像の近未来

第1節　教職という社会的セクター

　第Ⅰ部と第Ⅱ部においては，教師と教員という呼称を手がかりに，より個人に光をあてた職人的側面と組織人に注目した学校職員という点から，教職像を考えてきた。この章では，「教える」という仕事が職業として成立しているとともに，それが社会的に大きな規模で広範に存在することを確かめることを通して，これからの教職の「ありうる姿」について検討してみたい。

　総務省「労働力調査」（基本集計）によると，2011年2月（速報）の就業者数は6223万人であった。また，文部科学省「学校基本調査」（2010年度）には，幼稚園教員がおよそ11.1万人，小学校教員が42.0万人，中学校教員が25.1万人，高校教員が23.9万人，特別支援学校教員が7.3万人いることが示されている。学校教育法「一条校」のうち，高等教育を除く教員は合わせて約110万人となり，後期中等教育までの教員は就業者全体の1.8％程度，つまり働く人の60人弱に1人は「学校の先生」というほどの社会的規模を占めることがわかる。

　「教育は人なり」といういい方に倣えば，この社会的セクターをどのように維持，管理するかが，学校教育の成否を決めることになるのである。以下，教職という職業集団の再生産について考えてみよう。

第2節　教職の量的・質的管理

1　教員の需要と供給

　まず問われるのは，およそ100万人の教員という量的問題にいかに対応する

かについてである。教員の年齢が20歳代前半から60歳くらいまで分布し，中途退職など定年に達する以前の離職もあることから，毎年およそ全体の30分の1程度が入れ替わる，つまり，総数の3〜3.5％の採用を予定しなければならない。

義務教育学校および高校にかぎってみれば，文部科学省「公立学校教員採用選考試験の実施状況について」（各年度版）から，ここ数年は公立学校において2万人少しの教員採用が行われていることがわかる。教員の9割以上は公立学校に勤務しているので，現在は採用率が母数の2.5％くらいで推移しているといえるだろう。つまり，都道府県間の採用者数や採用率には大きな幅があるものの，教職界全体で見れば30数年間でメンバーがすべて替わるから，1970年代に大量採用された「ひしめく50代」の背景もあってか，現在の採用率はやや低目になっていると考えられる。

もちろん，必要となる教員数は将来の児童・生徒数に大きく規定されるので，長期的な人口減少社会に入っている日本において，今後どれほどの教員需要があるかは必ずしも明らかではない。しかしながらこれまで，児童・生徒数の減少に応じて教員数が推移してきたわけではない点にも留意する必要がある。

例えば，戦後ベビーブーム世代の次世代にあたる子どもは，1981年に小学校の児童数1192万人余りを記録した。2010年度，児童数699万人はその6割を切る水準にまで減っているにもかかわらず，小学校教員数はかつての47.4万人から現在の42.0万人と11％程度の減少にとどまっている。

つまり，児童数の減少に対して教員数はその4分の1程度しか減らされていない。この結果，教員一人あたりの児童数から見れば，25.2人から16.8人へと，教員の負担は実に50％も改善されているのである。将来のことは誰にもわからないが，少しずつ子どもの絶対数が減るとしても，さまざまな加配や定数改善策も取られうることから，現在の教員規模がおおよそ維持されると見ることも可能だろう。

したがって，将来的には今よりも高い採用率や採用者数を見込まなければならない状況も生まれうる。つまり，私立学校を合わせて，毎年2.5万人程度の

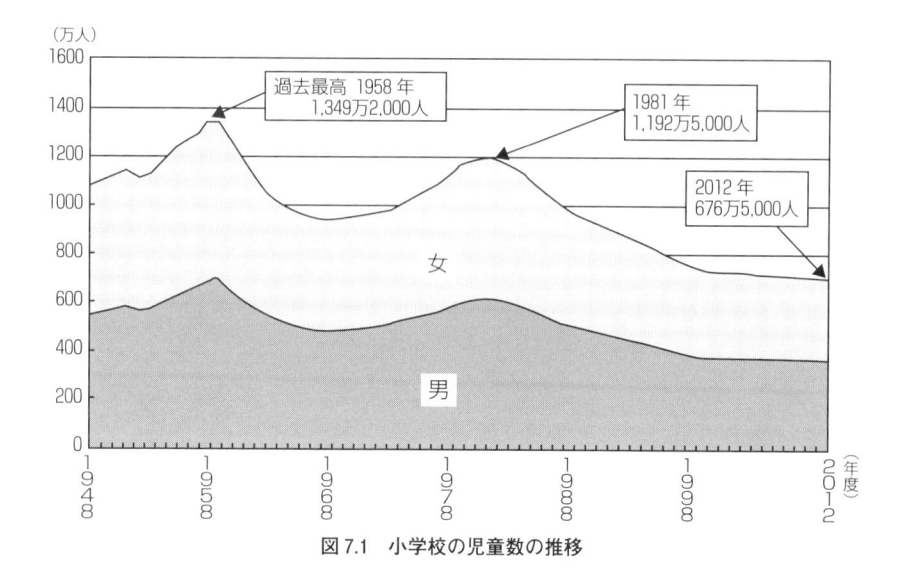

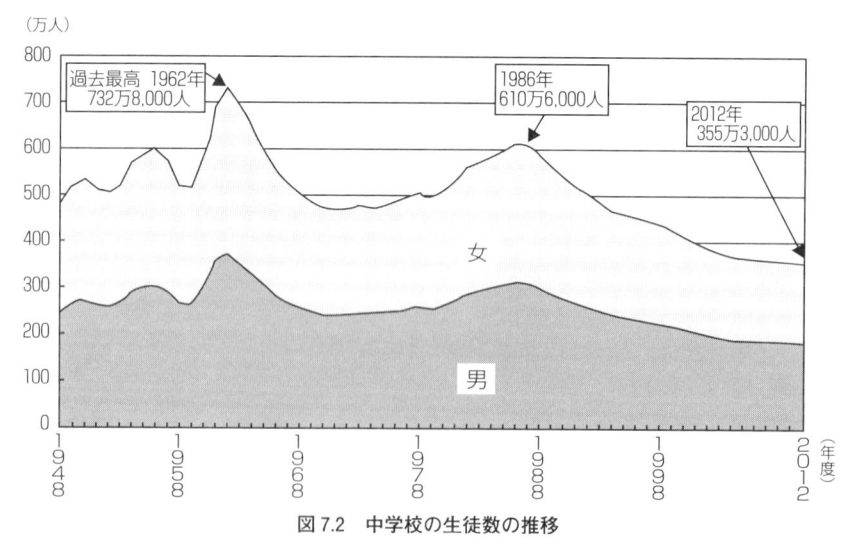

図7.1 小学校の児童数の推移

図7.2 中学校の生徒数の推移

教員有資格者をどのように確保するか，このための制度設計が必要となる。

2　教員の「質」向上と資格付与

その一方で，教員養成の「高度化」として，例えば教員養成期間の延長といった議論も昨今なされている。ここで次の点，教員の質的問題が現れるとともに，その量と質，両者の折り合いのつけ方が問われることになる。

教職教育に関する詳しい内容は，第8章で扱われることになるが，ここでは，教員免許状という国家資格制度の今後という観点から，教員の質について考えておきたい。

今日，大学などによる直接養成による普通免許状（一種免許状および二種免許状）のうち，義務教育学校と高校についての授与件数は年間13万件余りである。中学校と高校など一人が複数の免許状を取得する場合も少なくないので，絶対数はこの数に届かないものの，上記の数は採用予定者数の数倍の規模に相当する。教員免許状を今後も現状程度は授与することを想定するのならば，これだけの量の学生に対して教員養成としての学修機会をいかに保証できるかどうかが問題となる。

教員養成系大学・学部ではない大学での教職課程は「オプション」（取得することもできる）とも称され，経験則を除けば，履修者数を事前には予定できない制度のもとにおかれている。量的にコントロールできない状態，あるいはその上限を定めないままでありながら，講義や演習そして実地教育まで，「高度化」にふさわしい負担を関係者に求めることは，どれほど現実味をもっているだろうか。

一定規模の有資格者を輩出しながら，その資格の基準を高めるには，資格を付与する場やスタッフの数を増やすことが欠かせない。教員養成や教職教育に携わる資源が不十分であれば，高度化などファンタジーにすぎないからだ。ところが，とくに「一般大学」の教職課程におけるいわゆるマスプロ授業は依然として解消されておらず，数百人による講義形式の授業も今なお存在する。また，教育実習については学生の出身校で行う「母校実習」が圧倒的なため，全

国各地から集まる学生それぞれについて，どのような指導が行われているかについて，大学がすべてを確かめることは難しい。さらに，仮にわかったとしても大学が各学校と連携するのは容易でない。

加えて，大学専任スタッフではない非常勤講師による授業負担が少なからず行われていることも，当該の大学による教員養成を曖昧にするものだろう。大学スタッフが，非常勤を依頼する講師に当該大学や学部の教員養成に関する基本方針等を伝え，講師がこれらを十分に了解したうえで授業に臨んでいるとは考えにくい。総合大学でキャンパスが複数にわたる場合など，依頼された講師が教職関係スタッフと顔すら合わせることがないといったことも起こる。非常勤講師の力量や熱意とは別に，「大学における教員養成」にとどまらない，「大学による教員養成」を実質化するためのハードルは，かなり高いと見るべきである。

なお，教職の「高度化」とは就職先を教職に特化することでもあるから，それだけ学生の進路を制約することにもなる。例えば，ドイツではおよそ1970年代から80年代半ばまで，教員資格をもちながら教職に就けない「失業教員」(arbeitslose Lehrer) 問題が深刻だった。正式の教員資格を得るまで，大学での数年の学修に加えておおむね1年半から2年間におよぶ試補教員（教育ゼミナールなどで引き続き教育を受ける一方，学校で勤務もする）を経験した彼らが，教職以外に就くことは難しいのだ。いわゆる「つぶしが利かない」ほどの特殊性を教員として求めるのであれば，その有資格者をなるべく限定するほうが，高等教育全体の成果という点から見ればより望ましい，という議論は可能である。つまり，大学卒業時ですら「教師にもなれる」といった選択肢を残すことは，必ずしもよいわけではない。

3　反省すべき教員論の「放談」

このように社会的セクターの一つとして教職を捉え，大学や大学との接続との関わりで，この再生産をいかに具体化することが必要でありまた可能なのか，これらの検討が，その仕掛けとしての制度を構想するうえでの基礎作業のはず

である。

　ところが，かたや「地球的視野に立って行動するための資質能力が求められる」，あるいは「教員有資格者は多ければ多いほどよい」と，いずれも牧歌的なお喋りを，長らく関係者が続けてきたのが現実であった。

　公教育のあり方に関する議論，とくに教員に関する議論は，論者の「言いたい放題」がしばしば起こる。というのは，多くの自然科学と違って社会科学の議論は，「かくあるべき」と思いつきを含めた理念が優位しやすく，また立論の前提となるデータが乏しく，関係する変数間に論理的な整合性を与えることまでがせいぜいだからである。教育関係の審議会に教育学者だけでなく「素人」が入るのはこのためであり，だからこそ，ときに暴論も開陳されることになる。

　例えば，大学で長く就学すれば「よい教師」になるというデータは必ずしも存在せず，経験的知識から「おそらくそうだろう」という判断を下すにとどまる。経験的知識は人によってさまざまだから，例えば「教員養成系大学の出身者の方が優秀である」という考えもあれば，「大学を出るころになって，教師にでもなろうか，といった人のほうが立派な教師になっている」という理解もある。これらは即，客観的なデータとはいいがたいので，主張する当人は別にして，すべての人が納得できるものにはならない。このため，社会的影響力をもつ者の「言ったもん勝ち」となりがちである。

　研究者と呼ばれる場合ですら，自説のもっともらしさを示すために，「中央教育審議会答申に述べられているように」といった「神の声」を用いる者，あるいは，「こういう教師がいる」と「現場の声」を引き合いに出す者もいる。

　それぞれの主張がいかに妥当なのか，現実味をもっているのかが検証されるべきにもかかわらず，イメージのみが先行しがちであり，また改変の結果が明らかになるころには，関係法規の改正や次の学習指導要領の告示などが行われるので，話は再び振り出しに戻る。既存の教員免許法のもとで教職に就いた者がまだごく限られるにもかかわらず，同法改正が議論されるというようにである。こうして教育論議は積み上げられることなく消費される。着せ替え人形のように，「時の人」が一時期の脚光を浴びつつ，次々とタレントが交代してき

たのだ。

　最近では，「修士課程の教員養成制度をもっているから，フィンランドは学力が高い」という主張も見られる。しかしながら，その経緯を明らかにした研究では，「ここで注目すべきことは，（修士課程レベルへの移行という─筆者補足）その決定は高等教育における一般的な学位の改革の一部として実行されたことであり，数百頁に及ぶ委員会の報告書や1960年代後半からの教師教育の専門家によって書かれた書類は無視されたことである」（増田，2011）と捉えられている。インターネット時代の現在にいたっても，時間と空間，つまり歴史的経緯と地理的距離は今なお，適切に事実を把握するうえでの大きな壁である。ある事例を安易に真似ることがいかに危険かを，心すべきであろう。

4　教員の量と質に関する「折衷案」

　教員の需要に対応しうる供給を考えるに際して，教員資格を得るまでにどんなルートを経るべきか，という問題に戻ろう。教育の議論の特徴をふまえれば，必ずしも実証されていない前提をいかにおくかは，論者の立場による。

　例えば，教員有資格者をより多く輩出する制度とすることで，多様な人材を教職界に誘い，さまざまな児童・生徒に対応できるようにすべきという立論は，大学に限っても全体の約8割，580あまりの教職課程がおかれている現状を全体として肯定し，特定の大学に限らずに教員免許状を取得できる「開放制」を良しと考える。この論では，①多様な大学からの出身者は多様である，②多様な教員であることは多様な子どもたちにとって利益をもたらす，ことを帰結すべきであるが，これを実証するデータは必ずしも存在しない（表7.1）。

　A大学出身者とB大学出身者がどんな点で多様なのか，あるいは「教員養成系」と一括りにされるが，これはいかなる点で単一的なのか，論理的さらに実証的な手続きは，驚くほどに踏まれていない。

　また，逆の論理について考えてみよう。①「教員らしい」教員ほど有能であり，そのためには然るべき教員養成の内容と期間を要する，②そんな教員こそが，子どもの利益を高める。これを実証することも難しそうである。「教員ら

表 7.1　免許状の種類別の認定課程を有する大学等数

（2010 年 5 月 1 日現在）

区分		大学等数	認定課程を有する大学等数		免許状の種類別の認定課程を有する大学数等						
					幼稚園	小学校	中学校	高等学校	養護教諭	栄養教諭	特別支援学校教諭
大学	国立	82	76	92.7%	50	51	69	76	24	5	51
	公立	78	53	67.9%	6	2	38	47	14	14	2
	私立	576	469	81.4%	170	145	405	438	70	99	63
	計	736	598	81.3%	226	198	512	561	108	118	116
短期大学	国立	0	0	0.0%	0	0	0		0	0	0
	公立	19	10	52.6%	6	0	6		1	4	0
	私立	345	247	71.6%	215	30	85		17	61	2
	計	364	257	70.6%	221	30	91		18	65	2
合計		1100	855	77.7%	447	228	603	561	126	183	118
大学院	国立	86	80	93.0%	50	52	72	80	28	4	51
	公立	72	35	48.6%	2	2	28	33	4	3	0
	私立	449	315	70.2%	43	41	255	295	19	21	7
	計	607	430	70.8%	95	95	355	408	51	28	58
専攻科	国立	21	20	95.2%	0	0	0	1	0	0	19
	公立	5	1	20.0%	0	1	0	0	0	0	0
	私立	39	28	71.8%	7	8	21	24	1	0	1
	計	65	49	75.4%	7	9	21	25	1	0	20
短期大学専攻科	国立	0	0	0.0%	0	0	0		0	0	0
	公立	8	1	12.5%	1	0	0		0	0	0
	私立	133	22	16.5%	19	3	5		3	0	0
	計	141	23	16.3%	20	3	5		3	0	0
養成機関	国立	7	7		0	0			6	0	1
	公立	1	1		0	0			1	0	0
	私立	39	39		30	2			1	8	0
	計	47	47		30	2			8	8	1

（注）養成機関とは，指定教員養成機関の略で，免許法第 5 条および別表第 1 備考第 3 号に基づき，文部科学大臣が教員需給の状況等も勘案しながら，教員養成機関として適当と認め，指定した機関である．

しい」の中身の特定はとりわけ義務教育段階について困難であり，仮に特定できたとしても，それをもつ者はいかに養成できるのか，教職，教科，実地，「一般教養」など各教育領域の構成，ボリューム，順序など，その方略の多くは未知数だからだ。

「多様な教員」が重要という主張に傾斜した論理を組み立てれば，その質はそれぞれの学生に委ねられることになる。大学ごとに特徴のある教員養成に取り組むことは結果として多様な教員を輩出することになるはずだが，これまでの議論では「学生まかせ」にすることが「多様」だという論理を構成してきたため，その「多様」とは学生が過度に教育されないことでもあり，授業や実習あるいは各地で開かれている「教師塾」などに出席・参加を誘うよりも，学生の自主的な活動の機会を多く設けることこそ，大学の役割とされる。これが資格取得へのハードルが低い「開放制」理解であり，多くの教員有資格者の輩出を可能にする。

これに対して，特定像に傾いた教員論を進めれば，その質は教職課程や大学教育を提供する側の責任として問われることになる。このためには，「先生の先生」たる大学教員の資質や力量の審査が行われるとともに，要件を満たした者を認めるための制度化も図られるだろう。教員免許状をもたない教員，実際に教壇に立ったことのない教員が「教師とは」と実践的場面に関わるような現状は大きく転換されなければならない。まさに「隗より始めよ」である。

こうした大学の改変を行う気概と力量をもつ大学がどれだけあるかはともかく，大学設置者や地域による隔てはないのだから，ハードルの高い「開放制」としての教員養成は可能となる。そこでは，「教員らしさ」を示す何らかの基準や要件を「客観的に」満たすことが求められるから，従来ほどの大量の有資格者は見込めないものの，教員としての準備教育をより経た者が教員になる可能性は高まる。

もっとも，学生の多くを成人と捉えるならば，「教える」から「学ぶ」という子ども向けの教育モデルを採用することには，慎重であるべきだ。彼らは自分のこれまでの経験から，不十分ながらも教育について一家言をもっている。

その彼らを無垢な存在として捉え，教育することはおそらく実際的ではないだろう。十分な成人とはいえないかもしれないが，彼らのもつ問題に臨むという成人教育法の態度を強め，彼らの「学ぶ」を支援する「教える」あり方が基本的には問われるべきではないだろうか。

以上の問いを，正しいか誤っているかという真偽の問題ではなく，どのあたりがより望ましいかという程度の問題，あるいは状況に依存する適否の問題と捉え，多くの人が納得するだろう論理を暫定的な解とするならば，答えはこの両者の間にある。

よって，次のような整理ができるだろう。①多様な教員から学校が構成されることは大切だが，それはあくまでも，大学を卒業しているという限定つきである。際限のない多様さを求めるものではない。②旧来の「大学らしさ」を保ちつつも，各授業の試験や卒業試験ほかにおいて厳しく「出口」を管理することを要する。その主体は，大学であってもよいし，大学では「仮免許」までを認めることとし，正規の免許には試補期間などを経て教育委員会による試験を想定してもよい。第一次国家（州）試験は実質的に大学が，そして第二次国家試験は州文部省が担当するドイツは，一つの例である。

これらから，大学入学がおおよそ卒業を意味してきたような従来の教育評価のあり方や，教員数や授業名あるいはせいぜいシラバスのチェック程度にとどまる教職課程認定制度といった，「入口」管理のあり方も問われるだろう。

第3節　教員の新たな供給・認証制度の構想

以上のように，仮に基本方向が定められるならば，教員の資格付与について，次のような設計が可能だろう。

①現在の大学への進学者数およそ60万人と，教員需要の約2.5万人という量的バランスから，教員養成教育は高等教育における4年以上の学修によって行われるものとする。短期大学のみの学修による資格付与は廃止する。

②4年以上の学修を予定できる高等教育機関に在籍する学生は，希望すれば

教員養成課程（教職課程）を履修することができる。授業の履修にあたっては，大学コンソーシアムなどを通じて大学間を柔軟に跨ぐこともできる。

③教員養成課程は，教員資格に関する国家試験の合格により修了する。ここで国家とは中央政府あるいは地方政府をさし，各大学ではないものの，その評価はそれぞれの授業の履修と各大学での論文を含む卒業試験として行われる。つまり，大学卒業と教員資格試験での合格は同じことを意味する。この妥当性を担保するために，教員養成教育に携わる者は，自身が教員免許状を有することを原則とする。

④国家試験に合格した者には，仮教員免許状あるいは基礎免許状が授与される。彼らは勤務を希望する地方政府の教員募集に応募，待機リストに登録されれば，基本的に資格取得試験の成績に基づき教員として採用される可能性を得る。成績上位者から順次採用されるが，待機リストには成績上位者でなくとも数年後に採用される枠も設けられる。教育委員会による教員採用試験は，原則として廃止する。

⑤仮教員免許状を得て学校に勤務した者は，例えば5年後までに大学，教育委員会，教育研究団体における講座などを通じて，然るべき内容の履修をしたことを示すポイントを獲得し，「（正規の）教員免許状」に移行する努力義務が課される。こうして，大学と教育委員会などとの分担関係を明らかにすることができる。

なお，仮教員免許状（基礎免許状）の期間の給与は，現行の新規採用教員のそれを下回る水準とする。教員免許状に足る必要なポイントが得られなかった場合，仮教員免許状は原則として失効する。なお，教員免許状は生涯有効であり，現行の教員免許更新制は廃止する。

⑥教員の資質・力量の「高度化」に対応して，教員免許状を基礎資格とする専門免許状制度を設ける。学校管理職の前提となる「学校経営」，指導主事の要件とされる「教育課程」などの免許状は，必要な履修単位を大学院や教育センターなどで得ることにより取得できる。これも生涯有効である。専門免許状保持者は，給料などにおいて厚遇される。

以上の構想は，各大学での教職課程の履修が事実上の教員資格の認証であったこれまでの大学による「閉鎖制」を打破し，大学間および大学と教育行政機関あるいは関係団体と連携・協力して教員資格の認証を行う，大学での教員養成にとどまらない「開かれた教員養成」，すなわち「開放制」を志向するものである。

　これは高等教育において，教職に就く道が広く開かれていることをも意味する。例えば，私学で強調されがちな「建学の精神」は，教員養成にとって閉鎖的因子となるため，少なくとも公立学校の教員になるうえでの条件としては忌避される。また「高度化」にふさわしい資質や力量を確保するため，資格を得る過程でのフィルタリングも当然なされる。

　大学入学時点で選びうる進路が教職しかないという閉鎖的なものではなく，大学生であれば基本的に誰もが教職をめざすことができる点で，この教員養成はすぐれて開放的である。もちろん，社会的要求に見合う有資格者は限られるから，各授業や卒業にいたるまでの試験での合格基準は抜本的に変更され，例えば履修者の過半数が不合格といったことも起こりうる。このためには，大学内そして大学間の学生の移動がより容易となるような高等教育制度の変更が不可欠である。

　また，授業における教員と学生との「相性」もあるから，より多くの授業や講座を複数の高等教育機関で開く必要もある。さらに，基準の妥当性を検証，改訂するために関係機関による共通のテーブルが常設されるべきだろう。こうして，①多様な人材を教職に誘うことができる，②教職資格取得にいたる過程の評価と選抜を通じて「質の保証」が可能となる，のいずれもを満たすことができる。

　教員志望の学生は，教員資格試験すなわち卒業試験を受験するために必要な授業を履修していけばよい。かつては，「教員免許状を取得しないと卒業できない」と「目的養成」の不自由さに不満をもらす見解もあったが，それはまったく倒錯した見方だろう。何をもって卒業と認めるかの内実を確定しないままに，卒業認定と職業的資格の付与とを別ものだと無前提に考えた発想そのもの

が「不自由」なのである。

　こうした発想によりかかって唱道されてきた「大学における教員養成」論は，教職課程認定という国家資格の認定資格を保持したい一方で，その内容は「大学における自由」に一任されるべきである，そして，この両者の関係は問わない，という著しくバランスを欠いた発想に基づいていた。

　例えば，教員たりうることが国家資格としてのみ認められることを批判し，それぞれの大学においてゴールを明示した教員養成を行うというのであれば，大学における教員養成として論理的である。ところが多くの実態は，国家資格が取得できることを学生集めの有力な道具として活用し，かつその内実は大量の非常勤講師を含むそれぞれの教員に委ねられるという，「安上がり」でカリキュラム管理のいい加減な，大学にとってはなはだ都合のよいものでありつづけたのだ。

　新たな教員養成制度においてはもちろん，然るべき資格を得るのに「4年間で卒業を保証」できるはずはない。そもそも，就職活動にあたって「新規学卒」が異様に高い価値をもっているのは，「普通は4年で卒業する」ことが暗黙の了解となっているがゆえである。こうした「トコロテン卒業」が一般化していること自体が問題であるから，国際的に見ても驚くほど高い最低年限での大学卒業率を，中長期的に改めるような高等教育が求められる。

　教職界に多様な人材を求めるためには，高等教育が広く開放されていなければならない。「開放制」のもとでは，高等教育に進学した者は誰もが教員になりうるから，多様な機会を設けて教員資格試験（大学卒業試験）にいたる道を広く設けなければならない。各大学では資源に限りがあるから，連携を強めて学生を支援するのである。ただし，これらはあくまでも大学という高等教育機関においてである。教育委員会による「教師塾」や，大学とは異なる「専門学校」では決してない。

　ほかの章でも述べられる教員としての資質・力量は，「知識基盤社会」において生涯にわたって学びについて学ぶ（二重ループの学習）を求めるものである。自らの学び方を監視し（モニター），振り返り（リフレクション）そして相対化す

る（メタ認知）の力がともなって，長期的に教職に就くうえでの基礎が得られるとモデル化できるならば，大学においては，研究するうえでの基礎の習得が大きな柱になる。

その集大成が卒業論文・製作だが，4回生前半に行われる教員採用試験の準備のため，多くの学生は「付け焼き刃」的な取り組みしかできない。こうして教員の職能開発の基礎となる資質や力量が十分には得られないままに大学を終えている現状は，大いに憂うべきである。

第4節　これから誰が教員になるのか
―教職の「女性化」とパートタイム労働

1　女性のいっそうの進出

これまで検討してきた，どのように教員を養成，輩出，資格を認証していくかという問題は，今後どのような人が教職をめざし，就いていくのかによっても影響を受ける。あらゆる制度は人を規定する反面，人によって規定されるものでもあるから，教職の再生産を考えるうえで，誰が教員になろうとするのかを推定する作業も重要である。

以下では，二つの点に注目したい。その一つは，教職はこれから「女性の職業」とすらいいうる状況になってくるのではないかということ，もう一つはそれと関連して，フルタイムではない働き方，広義のパートタイム労働が公務員法制においても一般化されていくのではないか，ということである。

表7.2は，女性教員の占める割合の推移を示すものだが，およそこの20年の間に義務教育学校で3％台，高校で7％余り，女性比率の高まっていることがわかる。この傾向が今後も続くと見ることはできるだろうか。

この点で，日本より顕著な「教員の女性化」の見られる例がドイツである。表7.3にあるように現在，女性教員の占める割合は全学校種で69.6％に達し，3人に2人以上は女性という状況にいたっている。なかでも，第1〜4学年に相当する基礎学校では87.7％を女性が占め，男性教員は8人中わずか1人にす

表7.2 日本における女性教員(本務者)の比率の推移

年度	小学校	中学校	高校(全日制・定時制)
1992	59.8%	37.9%	21.3%
1993	60.4%	38.4%	21.8%
1994	60.8%	38.8%	22.5%
1995	61.2%	39.2%	23.2%
1996	61.6%	39.8%	23.8%
1997	62.0%	40.2%	24.3%
1998	62.2%	40.5%	24.7%
1999	62.3%	40.6%	25.2%
2000	62.3%	40.5%	25.6%
2001	52.5%	40.6%	26.1%
2002	62.6%	40.7%	26.6%
2003	62.7%	40.9%	27.1%
2004	62.7%	41.0%	27.5%
2005	62.7%	41.1%	27.6%
2006	62.7%	41.2%	27.9%
2007	62.7%	41.4%	28.1%
2008	62.8%	41.5%	28.5%
2009	62.8%	41.7%	28.9%
2010	62.8%	41.9%	29.4%
2011	62.8%	42.1%	29.8%

出所:文部科学省「学校基本調査」をもとに筆者作成

表7.3 ドイツの学校種と勤務形態別に見た女性教員の比率(普通教育学校)

学校種(抜粋)	2011/2012年度			時間単位勤務
	本 務			
	合計	フルタイム勤務	パートタイム勤務	
基礎学校	87.4%	80.3%	95.4%	77.1%
基幹学校	62.6%	52.6%	84.5%	67.9%
実科学校	65.8%	54.6%	85.2%	70.4%
ギムナジウム	56.4%	44.2%	76.5%	63.6%
特別支援学校	76.4%	70.2%	89.0%	80.8%
ドイツ全体	70.9%	61.0%	86.1%	70.6%

出所:Statistishes Bundesamt, Bildung und Kultur, Allgemeinbildende Schulen, Schuljahr 2011/2012をもとに筆者作成

ぎない。

　こうした状況が，教職へのリクルートメントやそのキャリア設計に関わってくることは明らかだろう。女性が家庭や地域社会そして学校でいかに教育を受けることが，教員を志望することと関わっているのか。あるいは，女性の職業として教職が位置づくことは，どのような水準で資格や待遇を求めることになるのか。男女平等ではあっても，そのセクシャリティやジェンダー上の特徴をふまえることも必要だろう。

　ドイツにおける動向で注視すべきもう一つは，その勤務形態についてである。ドイツの教員の多くは州の官吏（Beamte）または公務被用者（Tarifbeschäftigte）に該当し，職務に関する法律あるいは労働契約のもとにおかれるが，いずれもパートタイム労働（teilzeitliche Beschäftigung）が制度的に認められている点で特徴的である。

　その概要は，子どもが3歳になるまでの育児休暇とは別に，①18歳未満の子どもがいる，また介護や養育の必要のある家族がいる場合，あるいは55歳以上の年齢である場合などで業務上の支障がない場合，合わせて12年間まで，休職できる。②本人の希望があり，業務上の問題がない場合，規定労働時間の半分以上の時間を勤務するという条件で，期間に制限なくパートタイム労働ができる（バーデン－ヴュルテンベルク州官吏法）といったものである。

　休職期間の長さもさることながら，職場の状況が許す限り，本人が望めば期限のないパートタイム労働のできることは，日本の教員の置かれている状況と大きく異なるだろう。筆者の知るドイツでの一例に過ぎないが，彼女は特別支援学校の教諭で80％勤務のパートタイム労働をしており，金曜日は学校に行っていないが，学級を担任している。パートタイム労働を組み込んだかたちで学校運営がなされているのである。また，給料はきっちり労働時間に対応しており，彼女の場合，規定労働時間の80％となっている。

　16の州からなるドイツ全体で見た場合，パートタイム労働を選んでいる教員は2008/09年度で40.9％に上り，基礎学校では51.3％とフルタイム労働者を上回る規模である。割合の最も低い基幹学校（第5～9学年）ですら32.5％と，

ほぼ3人に1人がパートタイマーが占める。これらから，ドイツではパートタイム労働なしにはもはや学校教育が成り立たない状況といえるだろう。

さらに，表7.3に明らかなように，パートタイム労働の圧倒的多数は女性である。全体で85.8％，基礎学校では95.6％まで女性教員が占めており，最も少ないギムナジウム（第5～13学年）で74.5％と，4人に3人が女性がパートタイム労働に就いている。教職の「女性化」とパートタイム労働者の拡大という両者の因果関係はまだ明らかでないものの，両者が相関するとは述べることができる。

以上，教職像の近未来を検討してきたが，そのありようは学校そのものが今後どのような姿を現すかに大きく依っている。およそ10年に1度改訂されてきた学習指導要領は，これまで何度となく系統主義と経験主義との間で揺れてきたが，「PISA型学力」やリテラシーという概念はこの二項対立を越えられるのか，まだ見えない。

どのような広義の学力を保証する場として学校があり，そのための最大多数の職種である教員の資質と力量の基本条件や入職後の職能開発と勤務のあり方は，いかにあるべきか，またありうるのだろうか。

最終的には「わからなさ」にいたるものではあっても，操作しうる変数と操作しにくい変数，あるいは被規定的な変数の組み合わせからなる教職に関する議論が，より多面的また創発的に行われることは重要である。

教職教育の「解」が示されることはもちろんないが，教員や教師についての議論を相対化，還元し再び構成するといった，柔軟な議論の存在すること自体は望ましい。それは，ともすれば収束しがちな教職像のもとでいたずらに教員を苦しめず，問いつつ拡散させることによって，これからの子どもに接する教職像の可能性をより広げるからである。

【榊原　禎宏】

引用・参照文献

浦野東洋一・羽田貴史編（1998）『変動期の教員養成－日本教育学会課題研究「子ども人口減少期における教員養成及び教育学部問題」報告書』同時代社

榊原禎宏（2000）「教員養成大学・学部の現状と展望」中留武昭・八尾坂修・高橋靖直編『大学・高等教育の経営－危機転換期の戦略－』玉川大学出版部
榊原禎宏（2010）「パートタイム労働としての教職像－ドイツにおける教員の検討から－」『京都教育大学紀要』第 117 号
諸外国教員給与研究会（2007）『諸外国の教員給与に関する調査研究』
増田育子（2011）「フィンランドの教育における現場への権限委譲の再検討」『教育行財政研究』（関西教育行政学会紀要）第 38 号，p. 19
山崎博敏（1998）『教員採用の過去と未来』玉川大学出版部
油布佐和子編（2007）『転換期の教師』放送大学教育振興会
TEES 研究会（2001）『「大学における教員養成」の歴史的研究－戦後「教育学部」史研究』学文社

第8章　新たな教職専門性の確立と教師教育の創造

第1節　教職専門性をめぐる混乱

　教師という仕事は，子ども期の多くの時間を預かり受ける仕事である。日本の場合，教師は教科教育だけでなく教科外教育（特別活動など）や生徒指導，部活動指導など，職務の範囲がきわめて広範多岐にわたっている。それだけに，子どもの成長・発達に教師が与える影響は大きいと考えられている。教師に高度な専門性が求められる所以である。

　では，教師という仕事に求められる専門性とは，具体的にはどのようなものだろうか。職務の広範さゆえに，教師は，例えば医師（外科や精神科など）のようにある特定の領域に精通したスペシャリストというよりも，子どもの教育に必要なあらゆることに取り組むジェネラリストとしての側面が強い。

　特化された専門性が見えにくいだけに，ときには「教師は専門家ではない」とも考えられがちであるが，上記のような広範な職務を担うことは素人ではとてもできるものではない。また，子どもの教育の重要性を鑑みれば，教師が専門家であることが求められるのは当然といえよう。そこで，教職独自の専門性（教職専門性）がどのように捉えられ，また，いかにして発展させられるものか考えることが重要となる。

　近年，教師の「資質能力」の向上が謳われ，それに応えるかたちで新たな教師教育政策がめまぐるしく展開され，実際に養成から採用，研修にいたるまでの教師教育のしくみ全体が変革されてきている。しかし，上記のような教職専門性の内実が明らかにされないままに教師教育改革が先行しているのが現状であり，教育政策の混乱状況が指摘される。

とはいえ、教職専門性を捉えることは容易ではないし、個別の専門的力量をあげれば枚挙に暇がない。例えば知識や教養が求められることはもとより、授業や生徒指導の力、教育評価の力、同僚と協働する力、子どもの安全を守る危機管理能力、保護者と生産的なコミュニケーションをする力などである。

　しかし、「教師」と一括する職業のなかにも、幼稚園教諭から高等学校教諭や特別支援学校教諭まであり、学級担任制の小学校教諭から教科担任制の中学・高等学校教諭や、義務教育の小・中学校と非義務教育の高等学校など実に多様であり、それぞれに固有の教職専門性もある。実際、担当教科（数学か美術かなど）や分掌業務（生徒指導主事か教務主任かなど）、教職経験年数（新人かベテランか）などにより、求められる専門性は異なってくる。また、勤務校の学校規模や学校文化、地域性などによっても求められる専門性は多様化する。

　教師教育に関わる諸施策が形成される際には、こうした教職専門性の多様な側面が考慮されることはあまりない。教師が教科・校種・校務分掌等それぞれの立場に応じて異なる専門性を必要としているにもかかわらず、教員免許更新講習や教職大学院などのしくみがあればそれらを外的かつ一律に担保できるという前提に教師教育改革がなされている。

　総じて、従来の教師教育政策は、「教師教育者」（教育委員会や大学など）と「被教師教育者」（教師）とをあらかじめ峻別したうえで、前者が後者に「教授」する構造のもと展開されてきたといえる。しかし、専門家としての教師には、自らが自己教育や相互教育を通じて教師教育を進めたり、それぞれの教職専門性を省察し開発したりする主体となることが不可欠である。

　教師の「資質能力」を外部から統制・管理できると考えることには限界があり、逆にそれが形式化したり弊害を生じたりする場合も少なからず起こっている。教師自身が教師教育者の主体となる視点を欠いては、新しい時代の教師教育は描き出されえないだろう。

第2節　教師教育の変遷と現状

　では，これまでの教師教育改革はどのように展開されてきたか概観しておこう。まず，「教師教育」という概念を『新社会学事典』（有斐閣）に拠りながら定義しておく（以下，引用文中の中略は引用者による）。

> 教師として必要な知識・技術や価値規範を習得し，さらに教師に対する役割期待の変化に応じて，教師の専門的能力をいっそう高めるための教育のこと。(…)　教師教育は，養成（preservice）・新任研修（induction）・現職研修（inservice）の3段階を含み，(…)　専門職にふさわしい教師の成長を生涯学習の概念のもとに捉えなおしたものである。この用語が1970年代以降，OECD諸国を中心に世界各国で使われるようになった背景には，1960年代に生じた学校教育の急速な量的拡大のあと，教師や学校の質的向上が要請されるようになり，とりわけ教師教育が学校教育革新の原動力として考えられるようになったからである。(今津，1998，p.3より重引。)

　ここには教師教育の理念が端的に集約されている。以下，具体的に日本における教師教育政策の展開を概観するが，その際，養成から現職研修までにわたる全体的・継続的な力量開発の営みを「教師教育」とし，「教員養成」と峻別することとする（教育政策上の議論では「教員養成」と「教師教育」とがしばしば混同しがちである）。
　戦後日本の教師教育政策の展開は何よりもまず，戦前の師範学校制度からの脱却と大学における学術的な教員養成，「開放制」の原則といった諸改革に端を発する。
　その後，1958年の中教審答申「教員養成制度の改善方策について」と，1962年の教育職員養成審議会（教養審）建議「教員養成制度の改善について」が教師の「質」的問題に言及し，中教審の1971年の答申「今後における学校

教育の総合的な拡充整備のための基本的施策について」および1978年の答申「教員の資質能力向上について」のなかで，教師の養成・採用・研修・再教育の過程を通じて「資質の向上」をはかる必要性が本格的に提起されるにいたった。

1984年に設置された臨時教育審議会（臨教審）が出した「教育改革に関する第二次答申」(1986年)のなかで提言された「教員の資質向上」を受けて1987年に教養審が「教員の資質能力の向上方策等について」を答申し，教員免許法改正や初任者研修制度導入を提起した。並行して，教師教育や教師の地位と関わる具体的な諸施策が展開され，80年代終わりには現在の教師教育制度を支える骨格が形成された（臨教審以降の改革動向は加野，2010を参照）。

一連の政策の具体例としては，「学校教員の水準の維持向上のための義務教育学校の教育職員の人材確保に関する特別措置法」(教員人材確保法)による給与引き上げ(1974年)，「学校教育法」改正による教頭職の法制化(1975年)，主任制度化(1976年)，現職教育のための新構想教育大学・大学院設置(1978年)，「教育公務員特例法」改正による初任者研修制度化(1988年)，「教員免許法」改正での免許状の種別化(1988年)などが挙げられる。

臨教審は第2次答申で教師の資質向上に関して，教員養成・免許制度の改善，採用の改善，初任者研修制度の創設，現職研修の体系化の四つの観点から提起した。これをうけた1987年の教養審答申「教員の資質能力の向上方策等について」では，「専修免許状」を設けるとともに，より広く人材を学校教育に導入する観点から「特別免許状」を授与できることなどを求めた。

また臨教審は，採用の改善についても，面接，論文，実技・体力テスト，適性検査，学生時代のクラブ活動・ボランティア活動等の重視など，選考方法の多様化を提案した。1999年の教養審第3次答申では教員採用試験が「競争試験」ではなく「選考」によるものとされ，学力試験は一定の水準に達しているかの評価にとどめ「人物評価」を重視することを示した。面接担当者もPTA役員や企業関係者，医師，弁護士などを含めるなど多様化することとなった。

現職教育とかかわっては，1988年に初任者研修制度が創設されたことと，

1998年に出された教養審第2次答申で「修士課程を積極的に活用した教員養成の在り方について―現職教員の再教育の推進―」が示されたことが挙げられる。第3次答申「養成と採用・研修との連携の円滑化について」は，教員研修が大きなテーマとなり，大学院就学休業制度が2001年度より開始された。

臨教審以降に制度化されたものは，教師教育の基本枠組みとして現在まで維持されてきている。その後も教師教育にかかわる改革が重ねられてきたが，特に今日なされている教師教育改革は戦後以来最大規模のものである。その契機となったのは2006年の中教審答申「今後の教員養成・免許制度の在り方について」をうけた①大学の教職科目への「教職実践演習」の新設，②教職大学院制度の創設，③教員免許更新制の導入という三つの施策であろう。

さらに現在，中教審に設置されている教員の資質能力向上特別部会では，教員養成・教員免許制度全般に関わる改革案が審議されている（なかでも，免許種を「基礎免許」「一般免許」「専門免許」に改編する案が有力）。

以上が戦後日本における教師教育改革の流れであるが，関連する国際的な動向を略述するならば，まずILO・ユネスコの「教員の地位に関する勧告」（1966年）により教職の経済的・社会的地位の向上論議が高揚したこと，しかし1960年代には就学人口の急増にともなう教員不足が起こり教員養成の「量」的拡大が各国で緊急課題となったことが挙げられる。その後，次第に教師の「質」の問題へと論点がシフトすることとなった。

また1970年代以降，「脱学校」論をはじめとする学校批判論や教師批判論が高まりを見せ，こうした批判にも呼応して，伝統的で自己完結的な学校システムとそこにおける教師の役割が見直されていく。そして，変革的で開かれた学校システムと新しい教師の役割が志向されるようになる。さらに，生涯学習の考え方と結びつきながら，教師を成人学習者と捉え，その職業的発達を促すという国際的な「教師教育」の理念が打ち出されてきたのである。

今日では，「省察的実践家（reflective practitioner）」論（ショーン，D.）に代表されるような新しい「教師＝専門職」論も提起されてきている。これは「完成」された系統的知識・技術を習得すれば専門性が担保されるという従来の専門職

理解に立つ把握ではなく，知識・技術を対象（クライエント）とのかかわりのなかで適切に変化・創造させる力量を特質とする専門職観である。

翻って，現に進行中の教師教育改革は，そうした専門職理解を欠き，逆にさまざまな矛盾や問題を露呈させている。例えば教員免許更新制は，幼・小・中・高・特別支援学校の教員（免許更新を受ける側）と大学の教員（免許更新を認める側）とを分かつ構造をもつが，教員免許状を保持しない者が教員免許状を保持する者の適格性を判定するという構造的矛盾をもつ。また，教職大学院には学部を卒業したばかりのストレートマスターとすでに現場経験を一定積んできた現職教員とがともに在籍し，養成段階と研修段階の混同・混乱が生じている。

より根本的な問題としては，日本における教師教育改革とは絶えず「教師以外の誰かが教師を教育（教授）する」というパラダイムにとらわれ続けている点にある。したがって，現職教育も教師が自己のニーズに発して組織するというものよりも，学校組織や教育行政当局のニーズから組織される傾向が強い。教師が教育を「受ける」という対象に位置づけられたままで自主的・主体的な学びを期待するには限界がある。教育課題を認識しその解決を探究するプロセスにおける教師自身の自己・相互研鑽がより重視されてよいのではないか。

「自ら学び続ける専門職」として教職像を把握するならば，教職専門性を教師自らが省察し開発していくような教師教育を創出することは求められる。ほかから与えられる教師教育ではなく，教師自らが教師教育の主体となるべきであり，そこに種々の専門家が建設的に参画していくしくみが必要ではないか。

第3節　教師の「資質能力」についての認識と教師像

1　教師の「資質能力」論の問題

今日の教師教育改革の前提には教師の「資質能力」に対する信頼の揺らぎがある。しかし，現代の教師が有さねばならない「資質能力」は本当に危機にあるのか，そもそも今日の教育問題は果たして教師の問題なのか，といった前提的理解については，客観的な根拠に基づく議論がなされているとはいいがたい

（教師の「資質能力」自体を問題視する教師批判言説については，その問題構造を第1章で指摘しているため，ここでは割愛する。）

　教師の「資質能力」を捉えることは容易ではない。「資質」という言葉はもともと人間が生来備えた力を意味するが，そうした場合，「教師の資質」なるものは何をさすのだろうか。教師になる人が先天的に備えておくべき力なのか，そうではなく養成期や入職後にも獲得されうる後天的な力なのか曖昧模糊としている。

　また，他方では「教育愛」や「使命感」「教職に対する熱意」「グローバルな視野」などさまざまな「資質能力」が語られるが，そうした抽象論・理想論ばかりでなく，現実問題として教師にできること／できないことを冷静に見据えた議論も必要である。

　少なくとも，メディアなどによって取り上げられている一部例外的な教師の逸脱行動から「教師の資質能力低下」論が語られたり，それに基づく対策が一般化されたりしている状況は回避すべきだろう。現実には多くの教師が子どもの教育に試行錯誤しながらも取り組み奮闘しているのであり，そうした努力は見えにくいものだからである。

　すでに述べた2006年の中教審答申においても，「大多数の教員は，教員としての使命感や誇り，教育的愛情等を持って教育活動に当たり，研究と修養に努めてきた。そのような教員の真摯な姿勢は，広く社会から尊敬され，高い評価を得てきた」と認めているところである。にもかかわらず，その「大多数の教員」にとって適切な教師教育のデザインが具体的に構想されないまま「資質能力」の「向上」策が展開されてしまっているのが現状である。

　われわれの社会における教師像というものがいかなるものなのかを客体視し，そこから教師教育のグランド・デザインを積極的に描くことを躊躇してはならないだろう。そのために以下，日本における教師像がどのように変遷してきたのかを歴史的に概観し，現代において求められる教職専門性とは何か考えてみよう。

2 教師像の変遷

　教師という職業は，日本では明治政府の成立とともに近代的職業人として誕生したものと見ることができる。それ以前にも，寺子屋の師匠など，教職に近い職業は存在したが，公教育制度下の学校において教育を担う職業としての位置づけを与えられたものではなかった。

　その後，教師像は，戦前の「教師＝聖職者」，戦後の「教師＝労働者」，現代までの「教師＝専門職」といった変遷をたどる。すなわち，戦前は子どもや保護者に対する絶対的な権威の保持者として聖職者とされていた。同時に，天皇＝国家権力に対しては従順な下級官吏として位置づけられていた。教師自らが皇国主義思想と軍国主義の教育を担わされた反省から戦後の改革が始まった。

　戦後，教師は天皇に仕える官吏ではなく「全体の奉仕者」(旧教育基本法第6条2項)として国民全体に奉仕する労働者であることを宣言した。1947年の日本教職員組合の結成や1952年の「教師の倫理綱領」の採択などは象徴的な出来事である。戦後の教師教育は何よりもまず，戦前を象徴する師範学校体制の否定と，学問的レベルの向上，政治その他の外的要因から自由な環境での教員養成ということに向けられた。今日に続く「開放制」の原則に立つ教員養成制度はこうして構築されていった。

　ところで，1966年のILO・ユネスコによる「教員の地位に関する勧告」は，教職を専門職として位置づける国際的な動きとなり，教職の経済的・社会的地位の向上に関する論議としての専門職論を後押しした。その後，リーバーマン(Lieberman, M.)らによる専門職論や，「準専門職」論，さらには専門職化による欺瞞性を批判的に捉える「専門職批判」論や「脱専門職」論などが提起されるなど，議論が多様化してきたところである。

　しかし，ウィッティー(Whitty, J.)も指摘するように，新しい教職専門性を担保しうる教師教育のデザインは，既存の専門職論のいずれが最も適合的であるか探しあてることによって生まれるのではなく，多様な専門職論(脱専門職論なども視野にいれた上で)の競合的なせめぎあいのなかから創られなければならないだろう(ウィッティー, J., 2004参照)。

そのためには，伝統的な専門職から仮設された要素に教職が合致しているか否かをもとに教職の専門職性を捉えたり，教職の専門職性そのものを否定したりする議論よりも，現存する教職の職業的特性を明らかにしたり，そこに含まれる公共的使命の重要性から将来社会に求められる教職専門性を捉えていく未来志向型の議論が必要である。

　教職専門性は校種や担当教科，分掌業務，その他諸々の多様性を含むものであり，それらを一概に語ることはできず，教師それぞれによって異なりをもつ点が重要であるが，他面，教育という仕事に通底する職業内在的な普遍性についても捉えておく必要があろう。

第4節　新しい教職専門性

　教職の「専門性（professionality）」について考えるとき，しばしば教職の「専門職性（professionalism）」との混同が生じやすい（今津，1998／久冨，2008など）。「専門性」とは，教師が生徒に対して教育行為を行う場合に，どのような専門的知識・技術を用いるかといった点を問題にするのに対して，「専門職性」とは，教職が職業としてどれだけ専門職としての地位を獲得しているのかといった点を問題にする。

　ただし，これら二つの議論は矛盾するものではなく，むしろ相互に深く関連している。教職の専門性が何であるのかを本質的に捉えようとするならば，そもそも教職がどのような特質をもつ専門的職業なのかを度外視して考えることができないからである。そこで，教師の教育活動にともなって求められる専門性（狭義の専門性）と社会的評価・地位にともなう専門職性とを含む概念として「教職専門性」（広義の専門性）を位置づけることとする。

　教師という仕事に求められる専門性は枚挙に暇がなく，実際に，教科指導や生徒指導，進路指導の力量はもとより，子どもの心に寄り添う力（カウンセリング・マインド）や組織体の一員として同僚と協働する力（マネジメント・マインド），教育的思考（エデュケーショナル・マインド）と法的思考（リーガル・マイン

ド）とを兼備する力，保護者などとの対話を生産的に導く力（コンフリクト・マネジメント）など諸々の専門的力量がリストアップされてきた。また，とくに生活学校としての性格を強くもつ日本の学校の教師には，学校内外における子どもの生活にかかわる危機管理能力も強く求められる。教育問題が複雑化・多元化する現代にあっては地域にある教育・福祉・医療などの専門機関と連携・協力するための力量なども考えられよう。

　いずれにしても，教育に必要な力量であればたとえ広汎多岐にわたっていても，それが子どもの成長に資するかぎり教師には求められる。しかし同時に，そうした際限のない多様な専門性のすべてを網羅した完成した教師像を想定することは非現実的でもある。そこで個別の専門的力量が何であるかをさらに考えるのではなく，より本質的な専門性の質的理解に踏み込む必要がある。

　生涯学習時代にあって，教師が自ら学びつづけ，試行錯誤と経験を重ね，ときには古い経験を捨てて自己を刷新するといった職業的専門性が，個別具体的な専門的力量以上に本質的な意味をもつ。単に多くの知識や技術をもっているのではなく，知識の習得や活用，それらを通した人間発達について実践し，その過程や結果を省察し，その上に新たな教育活動を積み上げなければならない。

　しかし実際には，教職の専門性をめぐる論議は，教科に関する専門的知識や教授技術，生徒指導の力といった個別の専門的力量のリストアップに終始しがちである。そうした専門性理解から，例えば医師や弁護士といった伝統的な専門職に求められる専門的知識や能力の高さ／低さが問題とされ，「教職は専門職ではなく準専門職である」といった理解に落ち着きがちであった。

　これに対して，教師−子ども関係を文脈依存的かつ相互作用的なものと捉え，教師自らも学習し研究する主体と把握する「省察的実践者」や「実践的研究者」「研究的実践者」といった新しい専門職像が提起されてきた。例えば，ショーン，D.の省察的実践者としての専門職像は，「完成」された系統的知識・技術を習得すれば専門性が担保されるという把握ではなく，知識・技術をクライエント（教師の場合は「子ども」）とのかかわりのなかで適切に変化・創造させる力量を提起し，教師やソーシャルワーカーなど，それまで完全な専門職と

は位置づけられてこなかった職を新しい専門職として把握する。

　そこには同時に，旧来的な専門職のあり方をも厳しく問い直す視点がある。旧来の専門職とクライエントの関係（医師と患者，弁護士と依頼人，大学教授と学生など）においては，高度な専門的知識を背景とした不当な専門家支配が生まれたり，クライエントの専門家依存が生じたりしやすく，クライエント自身が自律的・省察的に問題を解決する機会が排除されることが起こりうる。

　このことは，教師と子どもとの関係においても妥当する。例えば，学習指導に行き詰まったときに，「学力が低い子」「LD（学習障害）の子」とラベリングしてしまいがちである。しかし，子どもが教師に見せる姿は，それに先行しているはずの授業方法やその他の教育行為（アクション）に対する子どもの反応（リアクション）としての側面をもつ。実際，授業中に立ち歩く子どもでも別の教師の授業では着席していたりする。

　重要なことは，「子どもの成長・発達」が「教師─子ども間の関係性」のなかで生じるという基本的理解であり，一方を排したかたちで他方だけが独立的に発展していくということはありえないのが教育のメカニズムである。こうしたメカニズムを教師自身が探究し解明していくためにも，教師自身に実践と研究を往還する力が求められる。

　これまでにも研究と実際の問題解決や具体的改革とを結合させた実践的調査研究方法としてアクション・リサーチ等の概念が導入され，カリキュラム改革や学校改革，教師の職業的発達などに適用されてきた。しかし，学校が研究者たちの調査フィールドと化したり，実践者たる教師が研究者の調査手段になるなどの問題も生じ，教育調査研究それ自体が当の教師たちにとって教育現場での問題解決に何ら貢献しないと判断されているなどの事態も生起していくこととなった。

　今日においても，いわゆる「理論と実践」の問題がその乖離や統合をめぐって繰り返し論議され続けている。しかし，研究者が概念化したものに教師をあてはめていこうとすれば，いかに理に適った教職専門性を描き出したとしても，形骸化は免れないだろう（本論もその構造を克服しきれてはいないが，ここに述べた

知見は筆者自身が現職教員から多く学ぶなかで構築してきたものである)。

　教師教育者と被教師教育者とに峻別する前提をこえて，すでになされている教師教育の主体としての教職専門性に焦点をあてるべきだろう。そのためにも，研究者の側は教師がすでに教育（学）研究の推進者であることを受容し「理論と実践」の関係性をともに発展させていくべきであり，教師の側はプロとしての自覚のうえに教職専門性を省察し開発しつづける必要がある。

　このことは新しい専門性のさらなるリストアップとはならない。なぜならば，教育実践のなかにさまざまなかたちで，すでに「研究」が含まれているからである。その証左として，理論をまったく欠いた「実践」（例えば「カッとなって子どもを殴った」など）を「教育実践」とは呼ばない。逆に，実践に含まれる複雑性を全く意識しない「理論」（例えば「フィンランドの教育は世界一だ」など）が「教育理論」とみなされることもない。

　したがって，「実践者」が捉える「現場を知らない人が考える役に立たないもの」としての「理論」や，「研究者」が捉える「経験や勘に頼り客観的な省察を欠くもの」としての「実践」という理解は，両者間の無理解からくる乖離状況といえる。「理論と実践」の関係は，「実践者」にとっても「研究者」にとっても二つの性格の塩梅や方法上の相違なのである（したがって「実践者」「研究者」の二分法も便宜的な区分にすぎない）。

　救急医療の現場でオペを担当する臨床医と癌の根絶を願う研究医とが，互いに罵りあうのではなく協働しなければならないように，教育界においても異なるプロたちが協働しなければならないだろう。新しい時代における教師教育の基底には，そのような理念が据えられなければならない。

第5節　新たな教師教育の創造へ向けて

　では，新たな教師教育の創造はいかなるグランド・デザインのもとになされうるのであろうか。それは，教員養成の大学院段階への「高度化」や地方自治体の教育委員会による「教師塾」の拡大，現職教員の大学院への派遣研修とい

った，今日の政策動向の延長とは一線を画す。そこには被教師教育者としての教師像は存在しても，教師教育者としての教師像が欠如しているからである。

　もちろん，一連の教師教育施策にも一定の機能や可能性が含まれることは否定しえないが，それぞれに限界や（意図せざる）弊害をともなっている。例えば，大学院における教師教育は，教師教育者としての大学教員と被教師教育者としての教師という二分構造を克服しきれない（この構造は専門職学位課程だけでなく修士課程にも通底している）。

　教育委員会による「教師塾」においては，「べき論」や一般的・俗論的な教育論の講話・訓示に終始してはならいし，授業訓練やロールプレイングなどを重ねるだけでも教職専門性の発展や深化は実現されない。

　日本の教員の大多数は，学部教育4年間のみの教員養成とその後の行政研修などを経験しているにすぎない。その教員が，現実として学校教育を支えてきているのは，やはり「学校現場における教師教育」が機能してきたからにほかならない。これは単に，授業研究や校内研修といったフォーマルな教師教育の機会のみをさしているのではない（日本における授業研究は例えば米国でも「Lesson Study」として注目されているほどであるが）。

　学校における教師教育は，こうした特別の機会を捉えたものではなく，教師自らが教育活動を通じて身につけていくもの，先輩から後輩へ引き継がれるもの，保護者や地域住民によって「育てられる」もの，さらには（一見逆説的ではあるが）子どもによって「育てられる」ものなど複層的である。

　これらの特質は，先に述べたような被教師教育者としての教師教育デザインからは育成されえない。大学院における研究であれ教育委員会による研修であれ，学校外における教師教育がこうした理解を欠いたまま学校における教師教育の底力を減退させることにつながってはならないだろう。

　将来社会における教師教育は，養成教育であれ現職研修であれ，教育にかかわるさまざまな専門職の協働・協創を予定しなければならないだろう。プロのスポーツ選手であってもプロの芸術家に学ぶことが少なからずあるのに似て，教師教育においても一方的・全面的な指導者たりえる主体は存在しないのであ

る。

　大学研究者のみによる教育研究では事実認識が表層的なものにとどまったりする一方，学校教師による教育実践のみでも独善的・主観的なものにとどまることがある。教育行政機関による教師教育では政策（教育課程行政や人事行政など）への自己批判を欠いた権力的な介入に陥ることがある。それぞれ限界があるからこそ，互いの強みを生かした協働関係が求められる。例えば、教育実践のプロとしての教師，教育理論のプロとしての大学教員，そして教師教育の適切な機会をつくるプロとしての教育行政などという役割理解が考えられる。

　これは一見，現実離れした理想論に映るかもしれないが，これまでも学校は外部からの統制を不完全にしか受け入れてこなかったことは事実である。教員評価，学校評価，免許更新講習，行政研修，「新たな職」導入，さらには学習指導要領の改訂や教育法規の改正など，あらゆる外的な改革が現実の学校教育の質向上に直結しているとは言い難い。教師自身にとっては，不要な混乱や形式的な作業を増やすものとさえ映りがちである。

　教師教育においても，それを外的に「改革」しようとすればするほど，教育政策と教育現場との齟齬を拡大させるものとなりかねない。教師の「資質能力」の向上なるものがあるとすれば，それは外部からの統制・管理によって達成されうるものではなく，当の教師自身の長期的・継続的な営みによってなされるものであることは明らかだろう。

　結びに，教師教育の目標は個々の教師の力量開発にとどまるものではなく，学校教育そのものの発展である。その学校教育の発展の連鎖が現場から起こることが，「結果としての教育改革」につながるのであって，トップダウンの画一的・強制的な政策では学校教育の真の発展は想定できない。こうした前提的理解に立ったうえで，教職専門性を教師自らが省察・開発し，発信していかなければならない。学級担任制のもと全教科を担当する小学校教師の専門性とは何か。同じ教科担任制であっても中学校教師と高等学校教師との違いは何か。公立学校教師と私立学校教師の違いは何か。分掌業務はじめ学校組織のなかで自らに求められる専門性は何か。学校文化・地域性に即した教職専門性は何か。

これらの解は容易には導き出せないが，究極的には教師自身によってしか深化されえない問いであることは確かである。新しい時代の教職専門性が現場から提起され，それに拠って立つ教師教育が多様なプロにより協創される時代にある。

【辻野 けんま】

引用・参照文献

市川昭午編著（1986）『教師＝専門職論の再検討』教育開発研究所
今津孝次郎（1998）『変動社会の教師教育』名古屋大学出版会〔第2版〕
遠藤孝夫（2004）『管理から自律へ』勁草書房
小島弘道・北神正行・水本徳明・平井貴美代・安藤知子（2002）『教師の条件』学文社
加野芳正（2010）「臨教審以降の教師教育政策の検証」『日本教師教育学会年報』第19号，8-17頁
久冨善之編著（2008）『教師の専門性とアイデンティティ』勁草書房
榊原禎宏（2011）「公教育経営における教員の位置と教職の専門性」堀内孜『公教育経営の展開』90-107頁
榊原禎宏・辻野けんま（2011）「公教育の質保証における学校の自主性・自律性と教員の『教育上の自由』の定位」『京都教育大学紀要』第119号，155-167頁
佐久間亜紀（2010）「更新講習・養成制度のゆくえと現場の課題」『月刊高校教育』2010年5月号，22-27頁
ウィッティー，J.／堀尾輝久・久冨善之監訳（2004）『教育改革の社会学』東京大学出版会
辻野けんま（2012）「第14章 教師の力量開発」篠原清昭編著『学校改善マネジメント』ミネルヴァ書房，223-251頁
辻野けんま・榊原禎宏（2009）「ドイツにおける学校開発論－人的開発論に焦点をあてて－」『日本教育経営学会紀要』第51号，150-161頁
ショーン，D. A.／柳沢昌一・三輪建二監訳（2007）『省察的実践とは何か－プロフェッショナルの行為と思考－』鳳書房
日本教師教育学会編（2008）『日本の教師教育改革』学事出版
三石初雄・川手圭一編（2010）『高度実践型の教員養成へ－日本と欧米の教師教育と教職大学院－』東京学芸大学出版会

第9章　教師の専門的力量と発達サポートの構築

　「教師の専門的力量とは何か」という問いに真正面から答えることは難しい。それは，教師としての発達が職業時間のみならず個人時間や家族時間や歴史時間なども含んださまざまな時間の共時化のなかから自己形成されていること，あるいは教職という営みの特性からして力量が人格的な要素と分かちがたく結びついているがゆえである。加えて，問題をさらに難しくしているのは，そもそも高度なレベルになっていけばいくほど力量内容を要素化・定式化・明示化したりすることが困難な性質を有したものとなるからである。本章では，教師の専門的力量に焦点をあて，そのような「専門的力量」概念の捉え方を論じ（第1節），次に要素化・定式化・明示化しがたい力量内容を解明し共有していくための試みについて考察し（第2節），さらには教師一人ひとりが力量の自己形成を遂げていけるようなサポートの構築を展望して（第3節）いきたい。

第1節　専門的力量の性質

　その道の「達人（エキスパート）」と呼ばれる人々は，「初心者」からすれば信じられないほどに，多くの要素が複合的に入り交じり・織り成しあっている状況をすばやく読み取り，その状況が内包している課題や困難に対して，素早く的確に判断・対応し，そして局面を打開していく。囲碁や将棋の世界などはその代表的・典型的なものの一つであるが，もっと日常の身近な世界，例えば自動車や自転車の運転などの場合，運転最中の状況のなかに潜むたくさんの情報に神経を配りながら，しかも自転車の場合は倒れないように身体で微妙なバランスをとりながら走っていく。それらの行為は，まだ運転できない・乗りこ

なせない者にとっては,「達人」の行為そのものであるように映る。教師の実践の場合も同様である。例えば,みごとな授業展開が繰り広げられていったときなど,あの場面で,教師は何を根拠にしてあのような状況判断をしたのか,どういう理由であのような対応をとったのか,目を見張りたくなるような,単なるテクニックの問題ではない,「達人」の世界が繰り広げられる授業実践がある。どうしてそのような判断・対応ができるのであろうか,そのような判断・対応ができるレベルまでにいたる道筋はどのようなものなのであろうか。

この問題を考える際に,一つの手がかりとなるのが,Dreyfus, H. & Dreyfus, S.（1986,訳書 1987）がチェス・プレイヤーや航空パイロットなどの分野できわめて高いレベルの技術をもつ人々を観察し分析した結果,専門的力量（技能）が向上するにつれて,課題理解の仕方や意志決定の方法が少なくとも5段階を経て質的に発展深化していくと提起した「ドレイファス・モデル」と呼ばれる「技能獲得プロセス」モデルである。その後,Benner, P.（2001, 訳書 2005）は,看護領域において,経験豊かな看護師と新卒看護師と看護大学生に対してインタビューと参加観察を行い,また Berliner, D.（1988）は,教職領域において,小学校の教職経験豊かな教師と初任教師にインタビューを行い,それぞれともにドレイファス・モデルの枠組みのもとに,専門的力量（技能）の発展深化に関する整理を行っている。

表 9.1 は,5段階における特徴点とともに,チェス・プレイヤー,看護師,学校教師の場合を対応させて,それぞれ描いたものである。上記両者の研究はともに,当然のことながらアメリカにおける看護職・教職の世界で働く看護師・教師を対象としたものであるがゆえに,とくに学校教師の発達の姿は,その達成年数の想定がやや速い感じもするし,何よりも日本の教師に強く求められる生徒指導上の力量は視野に入っていない。

そのような制約を自覚しながらも,5段階にわたる一連の過程全体を通して概観すると,それらはまだ試論的な域を出ないものとはいえ,いくつかの示唆的な特徴点をうかがい知ることができる。その第一は,「初心者」「新人」「一人前」の3段階と「中堅」「達人」の2段階との間に質的な転換がみられるこ

とである（ここでは各段階の邦語表記をBenner, P. 訳書に従った）。「文脈不要」の規則の習得と経験にともなう蓄積，その蓄積をふまえて状況に固有な要素にも着目することによって状況把握と判断・対応を行う段階から，具体的状況に即して要素ごとではなく全体として直観的な把握と的確な判断・対応を行う段階へと，いわば質的な飛躍がうかがわれるのである。第二は，最もハイレベルな「達人」の段階において発揮される力量とは，状況判断が直観的に営まれることやその判断根拠を合理的に説明しがたいことである。高度な専門的力量の特質は，実践経験のなかでこそ獲得され言語的にも明示化しがたい性格を有するとうかがわれるのである。第三は，そのようにして一定の分野において獲得された技能は，仮にいったん一定の分野において「達人」の段階にまで達したとしても，別の分野での実践活動に従事しようとした場合には再び「初心者」や「新人」などの段階から再出発しなければならないことである。一定の分野で獲得された高度な専門的力量であるがゆえにあくまでも当該領域固有な性格を有し，当該領域での文脈・状況依存性の原則下で発揮されるのであって，無条件的に他の実践分野への転移性が高度に発揮されるわけではない。また，一定の分野で獲得された高度な専門的力量を有する者個人の能力全般が高いことを意味しているわけでもないことがうかがわれるのである。Benner, P. も述べているように，「全く新しい事例に遭遇したときや，分析的かつ手続き的な説明が必要な場合は，中堅レベルであっても分析的な一人前レベルへと後退する」「技能習得のドレイファス・モデルは，個人の特性や才能をはかるモデルではなく，状況対応モデルなのである」。そして第四は，一定の経験的蓄積が上位段階への移行を促すという点では実践経験を積むことが発達を生み出す前提条件であるが，それはあくまで必要条件であって十分条件ではないことである。その経験とは単なる時間の経過や長さを意味するわけではなく，それゆえすべての者が「達人」の段階に到達できるわけでもない，ということである。既有の技能・知識・考え方をすべて動員して，諸要因・諸要素が多様に複雑に入り交じった状況を認識し判断し打開に向けて実践していくと同時に，その途上で既存の枠組み自体を再吟味し再構成しながら絶えず新たな知を自己生成してい

表 9.1 技能獲得モデル（試論：ドレイファス・モデルとそれに基づく看護師・学校教師）

	特徴	①チェス・プレイヤー (Dreyfus, H. & Dreyfus, S.)	②看護師 (Benner, P.)	③学校教師 (Berliner, D. C.)
①ビギナー (Novice) ②初心者 (Novice) ③—— (Novice)	指導を受けて新しい技能を習得する最初の段階／周囲の状況にかかわらず適用できる「文脈不要(context-free)」の規則を覚えて、それに従って行動する	駒の位置に関係なく各駒の価値を点数に換算する方法を教わり、「相手から取れる駒の合計点が取られる駒の合計点より上なら駒交換に出る」という規則を覚える／駒を交換しない方が得策な場合もあるのだが、教えてもらえない	体重、摂取量と排泄量、体温、血圧、脈拍、といった客観的で測定可能な、患者の状態を表す指標で状況を知る／このような指標は臨床経験がなくても理解できる。異なる属性に対応できるよう、状況の前後関係を必要としない原則を学ぶ	行動を導くために必要な一揃えの文脈不要の規則（正しい答えはほめる、難しい質問のあとは少し待つ、生徒を批判してはいけない等）を獲得／行動は、合理的ではあるが、柔軟性には欠け、教えられた規則や手順に従いがちである／最小限のパフォーマンスのみ期待される、学生や1年目教師
①中級者 (Advanced Beginner) ②新人 (Advanced Beginner) ③—— (Advanced Beginner)	経験を積むとともに文脈不要の規則を多数把握し、さらに高級な規則を当てはめたいと思う／「状況依存」(situational)要素の存在を認識できるようにもなる	経験を積むにつれて、手を広げすぎると不利になるのがわかってくる／普遍的な規則があるわけでもないのに、弱くなったキングの横につけるといいとか、こんな配置ならポーンでもけっこう強いとかいうことが見抜けるようになる	繰り返し生じる重要な状況要素に気づく（あるいは指導者に指摘されて気づく）ことができる程度に状況が肺水腫と肺炎の違いを呼吸音で聞き分けられるようになり、それに応じて処置をとれるようになる／しかし未だ最も重要な業務を選別できない	経験が言葉の知識と結びつくようになる／文脈をこえた類似性を認識できるようになる／いつ規則を無視したり、破ったり、従ったりしたらよいかというような方略的知識が発達する／ほめることがいつも望ましいわけではないというように、文脈が行動を導くようになる／多くは2〜3年目の教師
①上級者 (Competence) ②一人前 (Competent) ③—— (Competent)	目的を明確に意識し、状況を事実の集まりとして捉え、個々の事実の重要性は他との関係で相対的に決まることをわかる／状況を構成する要素の相互関係に応じて結論づけ判断し結果を予測する	駒の配置を見て指し手を検討し、たとえば「今なら敵のキングが攻められる」と判断し、自分の陣の弱い所は無視し、ある程度痛手をこうむるのは覚悟の上で、敵のキングを守る駒を取ることだけに専念する	一人ずつ順に機械的に決められた処置を済ませていったりはせず、どの患者が何を緊急に必要としているかを見て、仕事の手順を計画する／それぞれの患者について自分なりの対応計画をたてて看護する／その場合、医学的な細かい説明は抜きにして、患者の心理的な面が重視されることになる	自分の授業において、為そうとすることを意識的に選択し、優先順位をつけ、計画を決定する／経験から、何に注意を払い、何を無視するかを知っている／行動は未だ素早くはなく、流ちょうでも柔軟でもない／教員養成大学卒業生の圧倒的多数が到達可能、全ての教師のゴールと考えるべき段階／能力と動機付けがあれば3〜4年目頃に到達可能

	特徴	チェス・プレイヤー	看護師	学校教師
①プロ (Proficiency) ②中堅 (Proficient) ③—— (Proficient)	経験に応じてある特定の視点から物事を判断する／視点の取り方によって状況を構成する要素のいずれかが際立って見える／自己の課題を直観的に整理し把握する（intuitively organizing and understanding）	駒の配置パターンをたくさん覚えていて、意識的に努力しなくても一瞬のうちに位置関係を読み取ることができる。しかし、直観的に立てたプランを実現するために最善の指手を考えるのは意識的行動である	状況を局面の視点ではなく全体として捉え、格率に導かれて実践を行う／たとえば患者に症状等をいつ話すべきかを決める場合、予め意識的に計画しなくても、この患者は話していい精神状態にあるということにふと気づくことができる／明らかなバイタルサインの変化が起こる前に病状の悪化などを認識できる	直観や専門技術が目立つようになる／状況について直観的に感じ取るようになる／蓄積してきた豊富な経験から異なる出来事に共通する類似点が理解できるようになる／ある程度の正確さを持って出来事を予測できるようになる／しかし何を為すべきかを決定するのに未だ分析的で熟考的である／多くはないが5年目頃に到達する教師もいる
①エキスパート (Expertise) ②達人 (Expert) ③—— (Expert)	円熟した経験に裏打ちされた理解力に基づいて為すべきことを判断できる／問題を客観的に見て解決しようとは思わない／技能（skill）が自分の身体の一部のように身に付き意識にのぼらなくなる	駒の位置関係を何万種類も覚えているだけでなくそれぞれに適した差し手も直ちに思い浮かべることができる／駒を操作している意識が消え、チャンスや脅威、希望や不安のチェスの世界を駒とともに生きているような感じがする／自動的に危険を感じ取り、よけていく	自分の状況把握を適切な行動に結びつけるのに、もはや分析的な原則（規則、ガイドライン、格率）には頼らない／一つ一つの状況を直観的に把握して正確な問題領域に的を絞る／病状悪化を感じ取り、医師に対応策を促すが、その理由を筋道立てて説明できるとは限らない	状況を直観的に把握し、熟慮しなくても適切な反応を行うようになる／例えば生徒との質疑応答において、適切な時に、どこで何をすべきか、をわかっている／行動や選択において非分析的非熟考的な方法が用いられ、非合理的（arational）ではあるが不合理的（irrational）ではない／ほんのわずかな教師が到達可能である

(注)「特徴」「チェス・プレイヤー」「看護師」「学校教師」に関する記述は下記の文献より山﨑がまとめた。
○ドレイファス, H. L. & ドレイファス, S. E., 椋田直子訳『純粋人工知能批判』（アスキー社, 1987年）Dreyfus, H. L. & Dreyfus, S. E. *Mind over Machine* (The Free Press, 1986)
○ベナー, P., 井部俊子他訳『ベナー看護論：新訳版 初心者から達人へ』（医学書院, 新訳2005年）Benner, P., *From Novice to Expert* (Prentice-Hall, Inc, Upper Saddle River, New Jersey, 2001)
○Berliner, D. C. *The Development of Expertise in Pedagogy* (American Association of Colleges for Teachers Education, New Orleans, 1988)

こうとする意識的な経験を積むこと，そういう経験の繰り返しこそが不断に必要だとうかがわれるのである。そして，そのような経験の繰り返しとそこから自己生成されていくような専門的力量こそ，（後述するような）「省察的実践家（Reflective practitioner）」が取り組み・生み出す，「省察（reflection）活動」・「実践的思考様式（practical thinking style）」なのである。

第2節　専門的力量の解明：「自己生成型」「文脈・状況依存性」力量

　前節で取り上げてきた5段階モデルは，あくまでも課題理解の仕方や意志決定の方法という技能面に焦点を当てた獲得モデルである。しかし，その技能は，長い実践的経験のなかで，さまざまな「時間」における経験が相互に影響し合うなかで，個性的に獲得されてきたものであり，かつ最もハイレベルな「達人」の段階において発揮される力量となると，状況判断が直観的に営まれることやその判断根拠を合理的に説明しがたいものとなるのである。前節でも確認したように，高度な専門的力量の特質は，実践経験のなかで獲得され，要素化・定式化・明示化しがたい性格を有すると推察されるのである。だとするならば，それを解明し，共有化していくためには，どのような研究的作業が必要であるのか。本節では，この「専門的力量の解明」問題について論究していきたい。

　この問題について諸外国の先行研究の整理と検討を行い理論的な整備を図りつつ，自らも実証的に追究し提起してきたのが佐藤・秋田ら（1990・1991），秋田（1992・1996），佐藤（1997）である。熟練教師と初任教師の授業のモニタリングを比較し，熟練教師が彼らの専門領域である授業実践において形成し機能させている教師特有の豊かな知見と知識である「実践的知識（practical knowledge）」の特質とそれを基礎とし活用して営まれる実践的な状況への関与と問題の発見，表象，解決の思考の様式である「実践的思考様式（practical thinking style）」の性格の解明が試みられている。そこでは，熟練教師の「実践的思考様式」の特徴として，①授業過程における豊かな即興的思考の展開，②授業の状況に対する積極的・感性的・熟考的関与，③多元的な視点から授業の複合

性に接近，④授業と学習の文脈に即した思考の展開，⑤授業の諸事象の相互の複雑な関係を発見する過程で問題の枠組みの絶えざる再構成，の５点が指摘されている。佐藤は，残された研究諸課題の一つに，一人ひとりの教師の「実践的知識」と「実践的思考様式」の形成と発達の過程を明らかにする研究を指摘しているが，この課題を引き取るものとして，ライフコース・アプローチ，ないしはライフヒストリー・アプローチがある。

　実践経験のなかから形成される状況依存的で多面的・個性的な見識である「実践的知識」，そして授業の構想と実践に関わる教師の個性的な様態としての「授業スタイル」に対して，ライフヒストリー・アプローチから解明を試みたものとして藤原・遠藤・松崎（2006）の研究がある。一人の中学校国語女性教師のライフヒストリーを徹底して把握・理解し（過去および現在の授業実践記録の収集・整理，授業実践の観察と分析，そしてインタビュー），国語科総合単元学習に関わる授業にみられる実践的知識を特徴づけるカテゴリーを明らかにしながら，実践的知識の形成過程を跡づけ，授業スタイルの変容を記述・解釈することによって事例的に提起しようとしている。上述の佐藤らの研究と異なり，藤原らは，このような事例的提起こそ，教師に，その事例と自らの実践経験を対照させて，経験を振り返る契機を提供できる可能性をもつものとして意義あるのだ，と主張している。

　佐藤・秋田らの研究は，熟練教師と初任教師を比較分析しながらそれぞれの教師の有する力量の特徴を明確にしていくアプローチの研究を活性化することになったが，教育工学的な領域から若手・中堅・ベテランの教師における授業力量の形成過程とその内容的差異点を追究した研究として木原（2004）がある。また，優れた実践家のライフヒストリーとその実践史を徹底して追跡し分析することによって個別的事例的な記述ではあるがリアリティを含んで生成と変容のプロセスにアプローチしていく新たな研究として，藤原らを含む研究グループ（森脇（2004，2006），グループ・ディダクティカ編（2007））がある。

　さて，筆者〔山﨑〕の場合は，教師が，ライフコース上において「選択的変容型」の発達を遂げ，教職活動に変化を生み出し，新たな力量を獲得したと自

覚する転機において，それまでの実践の考え方やありように変容を迫るような象徴的表現・言葉に着目している。着目する主な理由は，そのような表現・言葉が，転機を生み出す直接的な契機となり，発達上の転機を生み，新たな実践や教職生活の再創造を開始させる要因ともなっているからである。そしてもう一つの重要な点は，その表現・言葉がさし示している意味内容を創り出しているのは，その表現・言葉を発した側ばかりではなく，発せられた側，すなわちその表現・言葉を受け止めていった発達主体としての教師自身でもあるという事実からである。なぜならば，そこで創り出され，新たな発達や力量形成をもたらす原動力となった表現・言葉の意味内容は，しばしば，言葉を発した側がそこに込めた思い如何を越えて，その表現・言葉を受け止める教師自身が過去・現在を含む自らのライフコースの文脈・状況のなかで，各教師自身が産み出し構成していく場合があるからである。

　教師の「実践的思考様式」や「授業スタイル」の形成と変容，その内容と特徴にまで迫ろうとするとき，それらは教師が自らのライフコースのなかでさまざまな経験をしながら長い時間をかけて形成し変容させていく教育観や子ども観などといった観（view, philosophy）・信念（belief）と分かちがたく結びついてもいる。あるいは日本の教師の場合，学習指導面だけではなく，生徒指導面における実践とその力量にも視野を広げることが必要だと考えるならば，観・信念の形成や変容のレベルまで追求しようとする点からしても，ライフコース・アプローチの有効性がまた再認識されなければならない。福島（2001）は，暗黙知を探る手段に関して，「言語化が困難とされる暗黙知を調査するのに，それを聞き取りだけで行うというのはほとんど語義矛盾である」と指摘しながらも，それを補う方法として「一つは複数のメディアを多角的に利用」することと，「もう一つは，それを時間軸の中で長期的に捉えること」との2点を提起している。ライフコース・アプローチは，とりわけ後者を重視する。

　以下，いくつかその事例を紹介しつつ具体的に論究していきたい（事例はすべて山﨑，2002とその後の継続インタビュー調査からのものである）。

　第6章第3節において紹介したQ教師の発達事例においては，先輩S先生か

ら発せられた「おまえの授業は授業以前の問題だなあ」という言葉があり，それはQ教師が授業の本質にせまるきっかけとなったものである。彼は，大学附属小学校の研究活動のなかに身をおき，自らもまた授業研究に邁進する経験を経てやっと新任期に言われたその言葉の意味を自分なりに解釈できるようになってくる。彼がたどり着いたのは，「子ども同士がまだ互いにわかりあっていないで，互いに引き寄せあったり，必要としあったりしていないことではなかったのか」，「教師がどのような手法を採るかではなく，長い目で子どもをどう育てるか，教材研究はどうあるべきか，などを考えていなかったことに対する指摘ではなかったのか」という解釈であり，自分自身による意味付与であった。

転機のきっかけとなる言葉を投げかけるのは先輩教師だけではなく，教えている子どもたちからの場合もある。P教師（小学校，女性）の授業観にある一つの転機をもたらしたのは，子どもたちから浴びせられた「授業になると先生は恐くなる」という言葉であった。それは，教職15年目を過ぎたころ，当時の自分の問題意識とは距離を感じながらも取り組んでいた指定研究が終わり，再び研修のテーマは授業研究にもどってくるなかで，それまで自分の課題と感じていた「自分の思いをはっきり表現する授業」「真ん中以下の子どもたちが活躍できるような授業」がしたいと，再び自分の授業づくりに力を入れはじめたときに，子どもたちから浴びせられた言葉であった。P教師にとってその言葉は，「授業になるととたんに構えてしまうようなところがあるのではないか」，「教師とか授業の理想像をつくってしまって，それがやっぱりいけないのかなあ」と考え始める契機となった一言であった。

E教師（小学校，女性）の場合は，自らの出産・育児という経験を通して，自分自身の内から込み上げてきた「どこかで子どもをいじめている自分」という言葉であった。「勉強のできる子にしてやる，学力をつけてあげることが，子どもの幸せにつながり，女の子も自立した力をもつことが幸せにしてあげることだと信じていた」それまでの教師像から，「子どもの表情を読み取ることができる教師，子どもの表情一つ，言葉一つ，しぐさ一つを汲み取れる教師がいい教師である」と気づき，職場での教育実践に転機をもたらすことになった

のである。

　このような事例のほかにも，「手を焼いていくと子どもが離れていく」思いに駆られ，自らへの批判も許容しつつ学級づくりを新たに構築し直していくことによって，転機を生み出していったＣ教師（中学校，男性）の事例，「押すばかりではなく，引いてみることを覚える」ことによって，新任期4年目ごろから，授業面では子どもの活動が増え，生活指導面では子どもの立場を考えるような変化を生み出していったＪ教師（中学校，男性）の事例などがある。

　多くの場合，表現・言葉の形式そのものは，きわめて感覚的で曖昧さを内に含んだものにすぎず，それが発せられた文脈・状況から切り離して（脱文脈的・脱状況的に）取り出してしまうと意味不明な漠然としたもののようにも思われる。しかし，ひとたびそれが発せられたライフコース上の文脈・状況のなかにおかれるやいなや，きわめて明解な意味内容を内に含んだものとして発達主体である教師自身の内に響き生きてくるのである。Coulon, A. (1996, 訳書1996) は，そのような表現・言葉の性質を「インデックス性（ことばは実際にそれが産出される文脈において指示される）」と称することができるが，それは，「インデックスされたその時点においてさえも，インデックス的表現の潜在的な意味につきまとう曖昧さは取り除くことができない」という限界があるものの，「発話者の生活史や，発話者の当座の意図，さらには，発話者と聞き手との間の独自の関係性や，二人の過去の会話などといった，さまざまな文脈的要因から生じる」のであると特徴づけている。

　教師たちは，自らのライフコース上における「選択的変容型」の発達がもたらされた転換期を，教師としての新たな力量が獲得された時期であるとも自覚している。そういう意味からしても，新たな実践と発達を切り拓いていく力量は，さまざまな文脈的状況的要素を含み込んだライフコース上で，発達主体としての教師自身によってその意味内容がたえず産み出され構成されていく，いわば「自己生成型」「文脈・状況依存性」力量なのであるといえよう。実践者が，先輩教師や子どもたちから投げかけられた言葉，あるいは自らの直面する苦しい状況やそれを脱して新たに迎えた状況を語った言葉，それらの言葉の解釈，

あるいはそれらの言葉に込められた・意味付与された意味内容に着目しながら，日常の経験と実践のなかで自ら生成し変容させていく専門的力量の内実とその生成・変容の姿に迫りたいのである。

第3節　発達と力量形成を支え促すサポートの構築

さて最後に，「選択的変容型」の発達と「自己生成型で文脈・状況依存性」の専門的力量とを生み出していくのは発達と専門的力量の創造者自体＝実践者であることを確認しつつ，それでもなおその創造を支え促していくようなサポートはどのようなものであるのか，について論究していきたい。

この問題を組織的合理的に整備しようとしたのが知識経営（knowledge management）論の分野である。例えば，野中郁次郎ら（1996, 1999, 2003）は，図9.1のような「暗黙知（tacit knowledge）」と「形式知（explicit knowledge）」の絶え間ない変換を意味する「SECI（セキ）プロセス」を提唱している。野中らの提唱のベースにはPolanyi, M.（1996）の知識論，「私たちは言葉にできるより多くのことを知ることができる」という考え方がある。

野中は，知識のもつ二つの側面（「暗黙の語りにくい知識：暗黙知」と「明示された形式的な知識：形式知」）に着目するとともに，企業現場のエキスパートが長い実践経験のなかで獲得し身体的本能的レベルで有している「暗黙知」を，しかし同時に身体経験をともなう共同作業によってのみしか共有・継承が実現できないという「暗黙知」を，いかにして組織的・合理的に共有化し新たに再創造していくかという見通しのモデルを提唱したのである。すなわち，基本的には，個人対個人の関係，face-to-faceの関係のもとで，お互いの暗黙知のやり取り（蓄積・伝授・移転）が行われる「共同化（Socialization）」の段階から，個人と集団の相互作用関係を重要な媒介とする，対話という共同作業によって「暗黙知」が言語や図像に落とされ「形式知」への変換・翻訳が行われる「表出化（Externalization）」の段階へ，そうして産出された「形式知」がさまざまな部門から集められ，それが単にドキュメントや意味情報の共有だけでなく，周辺の

文脈を共有しつつ，グループ間・部門間で新たな組み合せが生み出されていく「結合化（Combination）」の段階を経て，さらに組織的に「形式知」化された知識を活用した実践経験を通して身体化するとともに，新たな「暗黙知」がまた再創造されていく「内面化（Internalization）」の段階にいたる，そしてその新たな「暗黙知」は再び「共同化」の段階へと移行され，この循環は知の量的・質的発展をともなうスパイラル状に絶え間なく繰り返されていくのである。

　こうした組織的・合理的であり，かつ継続的な知識創造の実現が展望されている「SECIモデル」では，もう一つ重要な概念の提起がある。それは，「SECIプロセスを実際に駆動させる媒介，触媒」である「場（Ba, place）」，すなわち「その場にいないとわからないような脈絡，状況，場面の次第，筋道などを意味」する「文脈」と「その場に関わる人々の関係性」とを含み込んだ知識の共有・創造・蓄積・活用の「場」という概念である。物理的な場所を意味するだけではなく，特定の時間の空間，「関係の時空間」を意味する「場」なのである。同概念には，知の内容を規定する「文脈」と，その「文脈」を共有化し新たな

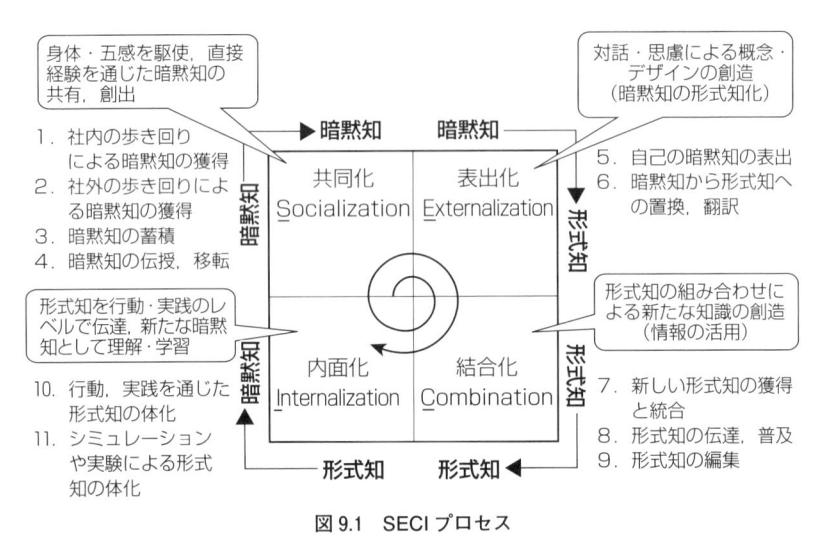

図9.1　SECIプロセス

出所：野中郁次郎・紺野登『知識経営のすすめ』筑摩書房，1999年

意味付与によって知を創造する人々の「関係性」とが重要であるとの認識が込められているのである。世界共通語として使われはじめているというこの用語「Ba：場」は，上述の4段階に対応させて，「共同化」段階に対応した「創発場（Originating Ba）」＝ face to face の対面，共感，経験共有が基礎となる暗黙知の移転が行われる場，「表出化」段階に対応した「対話場（Dialoguing Ba）」＝きちんとしたミッションが前提で建設的対話が行われる概念創造の場，「結合化」段階に対応した「システム場（Systemizing Ba）」＝形式知をグループ内で，またグループ間で相互に移転・共有・編集・構築する機能が重要なエッセンスとなる，時空間の共通は必ずしも不可欠ではない場，「内面化」段階に対応した「実践場（Exercising Ba）」＝形式知を暗黙知として取り込んでいくための，真なる実践ないしは実践に近いシュミレーションが行われる場，と描かれている（「知識創造理論」と「SECI モデル」は，今日，さらにその意味と意義が深化・発展させられ，「持続可能なイノベーション共同体」モデル，知識創造を支える「人材マネジメント」など，新たな観点も付与・提起されてきており，専門職としての教師の発達と力量形成の課題を考えていく際にも有益な示唆を与えてくれているように思う。例えば，『一橋ビジネスレビュー，特集：知識経営の最前線』（2011），59巻1号，所収の各論文を参照）。

「状況に埋め込まれた学習（Situated Learning）」の提唱者 Wenger, E.（2002, 訳書 2002）が伝統的な徒弟制度の研究という文脈のなかから生み出したとされる用語「実践コミュニティ（Communities of Practice：複数形として用いられていることに注目しておきたい）」という概念がある。「あるテーマに関する関心や問題，熱意などを共有し，その分野の知識や技能を，持続的な相互交流を通じて深めていく人々の集団」と定義される「実践コミュニティ」は，制度化されたフォーマルな組織の内外に存在し，誰もがいくつかのそれらに属し，その参加の仕方も多様であり，インフォーマルに結びついている，「知識を核とした社会的枠組（knowledge-based social structures）」でもある。また，この「実践コミュニティ」が，人的資本（個人のスキルや職業アイデンティティ）と社会関係性資本（信頼や相互主義や共通の理解を生み出す社会的ネットワーク）の両方を育成するといわ

れている。

　小高（2010）は，この「実践コミュニティ」概念を教師の成長の場を捉えるための理論的枠組みとして用い，3人の家庭科教師のライフヒストリーを分析している。その分析においては，教師の成長が，職場や地域で組織された研修・研究活動に参加して，あるいは組み込まれていくことによって遂げられていくだけでなく，それらの活動から周辺的位置におかれたりする経験，参加しないという選択をする経験が，別な学習の場・資源へのアクセスを生み，新たな実践やアイデンティティの構築の原動力にもなって遂げられていく事例のあることが強調されている。

　また松木（2004）および福井大学教育地域科学部附属中学校（2004）は，教師の力量形成のための実践研究のシステムづくりを構想しているが，その基本的枠組みは，上述の「SECIシステム」と「実践コミュニティ」の接合・援用であるように思われる。ロングスパンの授業研究のなかで教師たちは，「S」の場として「数人の教師が響き楽に授業を見合う公開授業」，「E」の場として「パソコンのネット上に公開されている簡単な授業記録に，それぞれ感じたことを記入」，「C」の場として「公開授業と記録をもとにして異なる教科の教師4〜5人で対話し合う場（部会）」，「I」の場として「共有できた知を自己の文脈の中で再度行為に創造変換する場（授業）」を，それぞれ位置づけ参加していく。そしてそれらの場に加えて，教師は，大学教員・院生や他学校教員など部外者も加わって意見交換する部会・校内研究会・公開研究大会など，複数の実践コミュニティに参加・学習し，継続的な力量形成を遂げていくことが期待・構想されている。

　ライフコース・アプローチにおいては，このような専門的力量の形成を目的として同じような課題を背負っている人々との情報交流の場としての「実践コミュニティ」概念よりもさらに広義の意味内容を有し，一人ひとりの教師の発達と力量形成を支え促す機能を捉えようとしたものとして「コンボイ（convoy）」という概念がある。「コンボイ」という用語は，語源的には，護衛するために同行すること，あるいは護送するものや護送の一体（＝「護衛隊」）を意味して

いる。日本人の生き方の特徴を「長い人間的かかわりあい（long engagement）」のなかに求めた Plath, D. W.（1980, 訳書 1985）は，「私たちは，…それぞれに独自の『関与者たち（consociates）』，私たちが歩んでいくライフコースのあらゆる段階において深いかかわりをもつ一群の人々をもっている」と述べ，それを「コンボイ」という概念で表わすとともに，「長いかかわりの研究においては，人生の各段階にわたる個人の変化に注目するだけでなく，その個人をめぐる関係の総体の中で関係者たちがどう変わっていくかという点にも目を向ける必要がある」と主張している。Kahn, R. L. and Antonucci, T. C.（1980, 訳書 1993）は，その「コンボイ」という概念を，「社会的支え（social support）が与えられ，受け取られる構造としての個人的なネットワーク」として捉え，個人の幸福感を高めたり，ストレスを緩和しうるような機能をもつ階層的な構造をもつ「コンボイ・モデル」を提案している。対象となる個人を守ったり，個人が人生の目標を達成するために必要な援助を与えたりするが，その個人も一方的に守られたり助けられたりしているばかりではなく，同時にその相手や別の誰かを守り援助を与えているという，いわば「サポートの交換を通して展開されるネットワーク」を意味する概念としても用いられる（大熊, 2001）。

　筆者のインタビュー調査で得られた諸事例からも，そのような意味内容としての「コンボイ」の存在は多く認められる。しかも，より重要な意味を有する「コンボイ」は，年齢段階によって変化するし，男女による違いも認められるのである。教師の場合，世代・年齢段階・性を問わず共通に多くみられた「コンボイ」は，職場において共同研究を推進する学校・学年の教師集団であり，学校外においては自主的な研究サークルの教師仲間である。また，初任期若手教師の場合は，同期入職の大学時代の友人・知人の人間関係であったり，初任者研修で知り合い形成された人的ネットワークである。この人間関係や人的ネットワークは，彼（女）らが退職するまでの間，教職生活上の悩み相談から仕事を円滑に遂行していくための情報交換まで，単に専門的力量の形成に直接寄与するものばかりではなく，一生活者として抱えるさまざまな課題の解決や精神面での負担軽減に寄与するものまで含み込んでいる。そういう意味では「実

践コミュニティ」概念よりもさらにいっそう幅広い機能内容を持ち，教職生活を維持・発展させていく「サポートの交換」ネットワークなのであるといえよう。

　しかし，30歳代に入ると，男女によって違いが生まれるようになり，男性教師の場合は職場の同僚教師や学外での研究会仲間との関係が深くなるが，女性教師の場合は友人や家族との関係が，それぞれ教職生活を遂行したり，あるいは教職生活を脅かしたりするものとして重要な意味をもってくる。その違いを生じさせるのは，同時期における男女の私生活上の変化やそれにともなう教職生活の過ごし方の違いである。そして40歳代後半になってくると，指導職管理職に就いた教師にとっては地域の同職仲間の情報交換ネットワークが職務遂行上きわめて重要なものとして登場してきたり，指導職管理職に就かない者にとっては研究会仲間のネットワークの結びつきがいっそう強まったりしてくる。

　もちろん同じ状況におかれたとしても個人による多様性もまた生じる。同じ世代に属する，ともに結婚・出産・育児の経験をもつ女性教師であっても，一人の教師は，赴任する先々の学校全体で取り組まれる共同研究活動に適応・参加しながら，そこで専門的力量を形成していくが，別のもう一人の教師は学校の共同研究活動は自分の実践課題と異なることから自らの実践研究活動の中心を学外の自主的研究サークルに移し，そこで専門的力量を形成していく。しかし，後者の教師もまた，その後の赴任校では学校の共同研究活動に反発しながらも受け止め実践を試みていくなかで自らの授業スタイルに変化を生み出していっている。同一教師においてもそのライフコース上の各時期によって「コンボイ」の選択，「サポートの変換」ネットワークのありように変化がみられるのである。

　歴史的にみると，生涯研修体系の一環として用意された研修プログラム・各種講座や研究指定校としての学校共同研究活動など公認され制度化されたものは盛んになってきているが，その一方で日本の教師たちの発達と力量形成を支え促してきた民間教育研究団体活動・組合教育研究集会・自主的研究会などは

次第に衰退してきており，とくに若い世代の教師たちの視野からは消えつつある。教師の生活から，学校・教育関係者以外のさまざまな職種・専門の人々とのインフォーマルな交流機会は減りつつある。職務に直接的に役立つ内容・課題・活動だけが公に認められ，教育専門家としての発達と力量形成の基盤形成となるような学問研究の内容・課題・活動でさえあたかも私的趣味的営みであるがごとく私生活領域のなかへと追いやられてしまいつつある。本来，交流するヒトもモノも多様であるべきはずの「実践コミュニティ」の画一化・痩身化，本来的には社会的関係性を含み込むべきはずの「コンボイ」の私事化・希薄化の進行が顕著になってきている。また，継続的な知識創造の実現が展望されている「SECI プロセス」とそれを実際に駆動させる媒介・触媒である「場（Ba, place）」においては，自由に，個人あるいは集団で，自在に組織的知識を活用できるような自由度を有する「知識ワーカー」が活動することを期待されているが，教師は逆に自由度を次第に失いつつもある。以上のような状況の変化は，教師としての発達と力量形成を，その内実において徐々に蝕んでいくのではないか，と危惧される。

　今，制度化ばかりに頼らない・収斂させない，多様性を認め合い・保障し合う，インフォーマルなものも含みつつ，豊かな「発達サポート」の再構築が図られなくてはならない。

　近年，教職の本質的あり方として「省察（反省）的実践家（reflective practitioner）」像が，そしてその本質的営みとして「省察（reflection）」活動が，提唱され，広く共感を生んでいる。それは，従来の専門職としての教職像である，一定の専門的知識や科学的技術を合理的に適用する職者（「技術的合理性」に基づく「技術的熟達者」）像に対置させるかたちで描かれたということでも，インパクトの強い提起であったといえよう（Shön, D. A., 1983, 訳書 2007／佐藤，1997）。
　"practitioner" とは，一般には専門職などの開業者（開業医など）を意味しており，特定分野に特化した "specialist（専門医など）" と対置される存在である。それは，"specialist" と比べて，専門性が低い職種でもなければ，ましてや専

門的知識や理論的教育を受けなくても遂行していけるというような職種でもない。営みの性格が異なっているだけであり，その営みは，厳しい専門的理論的養成教育とその後の絶え間ない継続教育を受け，それらをふまえて長い実践経験の繰り返し過程のなかで自己形成されていく発達と力量形成に依拠している，"specialist" とは別の，分野境界を越えて総合的な状況判断を的確に行うことのできる専門性を有する存在なのである。

「省察」とは一般に「振り返り」と表現されているが，それは「行為について省察（reflection on action）」のイメージばかりが強くなりがちである。「省察」活動の中核部分は「行為の中の省察（reflection in action）」である。それは，上述したように，既有の技能・知識・考え方をすべて動員して，諸要因・諸要素が多様に複雑に入り交じった状況を総合的に読み取り，かつ一定の対応策を判断し，反応をうかがいながらその対応策を修正し，ときには技能・知識・考え方自体さえも再吟味し再構成しながら，絶えず状況に適切に対応していく営みである。そして同時に，その営みの繰り返し実践のなかから新たな実践的な知もまた自己生成されていく営みでもある。

「省察（反省）的実践家（reflective practitioner）」とは，【教室・授業（教師・子ども・教材／教育内容）――学校・職場――地域・家庭・社会】という三重の場においてさまざまな要因から影響を受け，また与えながら成り立っている教育実践を，その複雑な状況のもとで，総合的な見地から診断し，解決への見通しを予測・計画し，実践しながら診断と計画を再吟味し必要な修正を施し対応していく，そのような実践のなかで自らの実践を切り拓く知そのものをも創造していくという「考える教師――省察，創造，実践する教師」なのである。そして，「考える教師――省察，創造，実践する教師」として存在しつづけ，さらに発達しつづけていくためには，多様で豊かな「場」・「実践コミュニティ」「コンボイ」といった存在を得ながら，他者との対話，他者とのサポート交換が不可欠なのである。

重ねて強調することになるが，今，行政，大学，教職員組合，そして教育活動に関係する者たちが共同して，教師が名実ともに「省察（反省）的実践家」

にふさわしい発達と力量形成を遂げていくことを保障する「発達サポート」の再構築が図られなくてはならない。　　　　　　　　　　　　【山﨑　準二】

引用・参照文献
秋田喜代美（1992）「教師の知識と思考に関する研究動向」『東京大学教育学部紀要』第32巻
秋田喜代美（1996）「教師教育における『省察』概念の展開」『教育学年報5：教育と市場』世織書房
ウェンガー，E.・マクダーモット，R.・スナイダー，W. M.，野村恭彦監修，野中郁次郎解説，櫻井祐子訳（2002）『コミュニティ・オブ・プラクティス：ナレッジ社会の新たな知識形態の実践』翔泳社。Wenger, E., Mcdermott, R., Snyder, W. M.（2002）. *Cultivating Communities of Practice*. Harvard Business School Press.
大熊保彦（2001）「第20章：コンボイ」齋藤耕二・本田時雄編著『ライフコースの心理学』金子書房
カーン，R. L. ＆アントヌッチ，T. C.，遠藤利彦訳（1993）「2章　生涯にわたる『コンボイ』──愛着・役割・社会的支え──」東洋・柏木惠子・高橋惠子編集監訳『生涯発達の心理学：2巻気質・自己・パーソナリティ』新曜社。Kahn, R. L. and Antonucci, T. C.（1980）, Convoys over the life course: Attachment, roles, and social support, In Baltes, P. B. and Brim, O. G.（Eds.）, *Life-span development and behavior*. Vol. 3 Academic Press.
木原俊行（2004）『授業研究と教師の成長』日本文教出版
グループ・ディダクティカ編（2007）『学びのための教師論』勁草書房
クロン，A.，山田富秋ほか訳（1996）『入門エスノメソドロジー，私たちはみな実践的社会学者である』せりか書房。Coulon, A.（1987）*L'ethnométhodologie*. Presses Universitaires de France.
小高さほみ（2010）『教師の成長と実践コミュニティ：高校教師のアイデンティティの変容』風間書房
佐藤学（1997）『教師というアポリア：反省的実践』世織書房
佐藤学・岩川直樹・秋田喜代美（1990）「教師の実践的思考様式に関する研究(1)熟練教師と初任教師のモニタリングの比較を中心に」『東京大学教育学部紀要』第30巻
佐藤学・秋田喜代美・岩川直樹・吉村敏之（1991）「同(2)思考過程の質的検討を中心に」『東京大学教育学部紀要』第31巻
ショーン，D. A.，柳沢昌一・三輪健二監訳（2007）『省察的実践とは何か：プロフェッショナルの行為と思考』鳳書房。Schön, D. A.（1983）. *The Reflective Practitioner: How Professionals Think in Action*. Basic Books, Inc.
野中郁次郎・竹内弘高（1996）『知識創造企業』東洋経済新報社
野中郁次郎・紺野登（1999）『知識経営のすすめ：ナレッジマネジメントとその時代』筑摩書房

野中郁次郎・紺野登（2003）『知識創造の方法論：ナレッジワーカーの作法』東洋経済新報社
福井大学教育地域科学部附属中学校研究会編（2004）『中学校を創る：探究する』東洋館出版社
福島真人（2001）『暗黙知の解剖』金子書房
藤原顕・遠藤瑛子・松崎正治（2006）『国語科教師の実践的知識へのライフヒストリー・アプローチ：遠藤瑛子実践の事例研究』淡水社
プラース，D. W., 井上俊・杉野目康子訳（1985）『日本人の生き方——現代における成熟のドラマ——』岩波書店. Plath, D. W. (1980), *Long Engagements: Maturity in Modern Japan* (Stanford University Press). なお，同訳書では，「コンボイ」を「道づれ」と訳している.
ポランニー，マイケル，高橋勇夫訳（2003）『暗黙知の次元』ちくま学芸文庫. Michael Polanyi (1966), *The tacit dimension*. Peter Smith.
松木健一（2004）「実践コミュニティを中心とする授業研究の方法論的検討：福井大学教育地域科学部附属中学校を例に教師の力量形成のための実践研究のシステムを考える」,『東京大学大学院教育学研究科附属学校臨床総合教育センター年報』6号
森脇健夫ほか（2004）『教師の力量形成へのライフヒストリー的アプローチ』, 2002〜2003年度日本学術振興会科学研究費補助金基盤研究(C)(1)研究成果報告書（代表・森脇健夫）
森脇健夫ほか（2006）『ライフヒストリー的アプローチを活かした総合的な教師の力量形成研究』, 2004〜2005年度日本学術振興会科学研究費補助金基盤研究(B)(1)研究成果報告書（代表・森脇健夫）
山﨑準二（2002）『教師のライフコース研究』創風社
山﨑準二（2012）『教師の発達と力量形成』創風社

索　引

あ
暗黙知　92, 163
意思決定　34
一斉授業　32

か
「開放制」教員養成制度　35, 126, 131
学習棄却　75
学校
　——管理職　130
　——給食　65
　——評価　83
感情　29
　——資源　34
義務教育費国庫負担　65
教育
　——委員会　81
　——－学習関係　29
　——再生会議　20
　——実践　92
　——的愛情　40
　——労働　28, 29
教員
　——評価　84, 85
　——研修　76
　——採用　121
　——の業務　66
　——免許更新制度　35
　——免許状　35
　——養成　140
教師
　——教育改革　140, 143
　——教育者　139
　——教育政策　50
　——研究　50
　——像の変遷　145
　——の資質　51, 138, 143, 144
　——の需要と供給　50, 120
　——批判言説　9, 16, 18, 20, 24
教職
　——アイデンティティ　8
　——意識　55
　——課程　130
　——教育　123
　——専門性　139, 146
　——大学院　35
　——の「女性化」　133
業績評価　85
業務遂行　91
勤務評定　84, 86
経験知　38
形式知　163
研究的実践者　147
健康な学校　41
公共的事業　64, 81
高等教育　129
高度専門職業人養成　52
コーホート
　——・フロー　42
　——分析　55
個業　73
国民形成　26
国家資格　123, 132
コミュニケーション　29

さ
資格付与　123
時間　98
自己言及　91
自己生成型　158
自己評価　94
実践コミュニティ　165
実践的
　——研究者　147
　——思考様式　158
　——指導力の育成　52
　——知識　158
質保証　52
指導
　——が不適切な教員　13
　——職・管理職期　108
　——力不足教員　14
試補教員　124
使命感　40
重層―単層構造論争　74
生涯
　——研修体系化　51

174 索　引

　　——発達　98
状況依存　70
省察　169, 170
　　——(反省)的実践家　142, 169
職業集団　120
女性教師論ブーム　45
初任期　106
人口
　　——減少社会　121
　　——動態　42
人事異動　90
「スタンダード」論　93
SECI プロセス　163
選択的変容型　115
専門
　　——職性　35, 146
　　——職論　145
　　——性　35, 146
　　——的力量　153

た

大学による教員養成　124
地方公務員法　84
中堅期　107
懲戒処分　13
「でも・しか教師」論　43
転機　98, 102, 103
動機づけ　32
ドレイファス・モデル　154

な

なべぶた型　74
認知資源　34
能力評価　85

は

パートタイム労働　135
発達サポート　153
被教師教育者　139
非言語コミュニケーション　33
ピラミッド型　74
PDCA サイクル　67
病気休職　39
分業―協業　74
分限処分　14
文脈・状況依存性の力量　158
保護者　16

ま

マネジメント　38
メタ認知　39
メンタルヘルス　40
燃え尽き症候群（バーンアウト）　39
目的養成　131
モニター　75
モンスター・ペアレント　18, 36, 94
「問題教師」　12

や

呼び捨て　70

ら

ライフコース・アプローチ　98
離職　36, 82
リフレクション　75
臨時教育審議会　141

わ

ワーク・ライフ・バランス　40

〔著者紹介〕

山﨑　準二（やまざき　じゅんじ）

東洋大学文学部教授
東京大学大学院教育学研究科博士課程単位取得満期退学　博士（教育学）
静岡大学教授，東京学芸大学教授を経て現職
主な著書・論文：
『教師のライフコース研究』創風社，2002年
『〔改訂〕教育の課程・方法・評価』梓出版社，2009年
『教師という仕事・生き方』〔第2版〕日本標準，2009年（編著）
『教育課程』学文社，2009年（編著）
『学校と授業の変革（P.ペーターゼン：イエナ・プラン）』明治図書，1984年（共訳）

榊原　禎宏（さかきばら　よしひろ）

京都教育大学教育学科教授
大阪大学大学院人間科学研究科博士課程単位取得退学
主な著書・論文：
「教師の授業認識に基づく授業経営の個業性と協業性」『日本教育経営学会紀要』32，1990年（共著）
「学年・学級経営論の構成と課題」『日本教育経営学会紀要』42，2000年
「新たな職の導入と学校の組織力」『日本教育経営学会紀要』52，2010年
『現代公教育経営学』学術図書出版社，2002年
『校長の資格・養成と大学院の役割』東信堂，2004年（共著）
『ステップ・アップ　学校組織マネジメント』第一法規，2007年（共著）
『諸外国の教員給与に関する調査研究』文部科学省委託研究，2007年（共著）
『公教育経営の展開』東京書籍，2011年（共著）

辻野　けんま（つじの　けんま）

上越教育大学大学院学校教育研究科准教授
京都府立大学大学院博士後期課程単位取得退学
主な著書・論文：
『学校改善マネジメント』ミネルヴァ書房，2012年（共著）
「公教育の質保証における学校の自主性・自律性と教員の『教育上の自由』の定位」『京都教育大学紀要』119，2011年（共著）
「学校評価における外部評価論の選択－ドイツ，ヘッセン州の例を手がかりにして－」『日本教育経営学会紀要』52，2010年（共著）
「ドイツにおける学校開発論－人的開発論に焦点をあてて－」『日本教育経営学会紀要』51，2009年，（共著）
「ドイツにおける『教師の教育上の自由』論の現状－J.ルクスとH.ビスマンによる2つの新たな理論－」『比較教育学研究』38，2009年

〔監修者紹介〕

小島 弘道（おじま　ひろみち）

龍谷大学教授，京都教育大学大学院連合教職実践研究科教授，筑波大学名誉教授
東京教育大学大学院教育学研究科博士課程単位取得満期退学
神戸大学，奈良教育大学，東京教育大学，筑波大学，平成国際大学を経て現職
この間，モスクワ大学で在外研究
学会活動：日本教育経営学会理事・元会長，日本学習社会学会会長
主要著書：
『学校と親・地域』東京法令出版，1996年
『21世紀の学校経営をデザインする　上・下』教育開発研究所，2002年
『教務主任の職務とリーダーシップ』東洋館出版社，2003年
『校長の資格・養成と大学院の役割』東信堂，2004年（編著）
『時代の転換と学校経営改革』学文社，2007年（編著）
『教師の条件―授業と学校をつくる力―（第3版）』学文社，2008年（共著）
：中国語訳書　王玉芝译・陈俊英审〈教师的标准-课程建设与学校建设的能力〉〈戴建兵主编〈晏阳初农村丛书〉〉中国农业出版社（汉　语），2012年
『スクールリーダーシップ』（講座　現代学校教育の高度化7）学文社，2010年（共著）
『学校づくりとスクールミドル』（講座　現代学校教育の高度化11）学文社，2012年

［講座　現代学校教育の高度化5］
「考える教師」──省察，創造，実践する教師──

2012年3月5日　第1版第1刷発行
2013年1月31日　第1版第3刷発行

監　修　小島　弘道
著　者　山﨑　準二
　　　　榊原　禎宏
　　　　辻野けんま

発行者　田中　千津子
発行所　株式会社　学文社

〒153-0064　東京都目黒区下目黒3-6-1
電話　03（3715）1501代
FAX　03（3715）2012
http://www.gakubunsha.com

©J. Yamazaki/Y. Sakakibara/K. Tsujino 2012
乱丁・落丁の場合は本社でお取替えします。
定価は売上カード，カバーに表示。

印刷　新灯印刷

ISBN 978-4-7620-2245-6